成語溯源讀論語

侯育川◎著

CHENGYUSHUYUAN
DULUNYU

巴蜀書社

图书在版编目(CIP)数据

成语溯源读论语/侯育川著.—成都:巴蜀书社,
2018.9

ISBN 978-7-5531-1061-5

Ⅰ.①成… Ⅱ.①侯… Ⅲ.①儒家 ②《论语》—青少
年读物 Ⅳ.①B222.2-49

中国版本图书馆 CIP 数据核字(2018)第 221964 号

成语溯源读论语

Cheng Yu Su Yuan Du Lun Yu 侯育川 著

责任编辑	童际鹏
出 版	巴蜀书社 成都市槐树街 2 号 邮编 610031 总编室电话:(028)86259397
网 址	www.bsbook.com
发 行	巴蜀书社 发行科电话:(028)86259422 86259423
经 销	新华书店
照 排	成都完美科技有限责任公司
印 刷	四川华龙印务有限公司
版 次	2019 年 1 月第 1 版
印 次	2019 年 1 月第 1 次印刷
成品尺寸	240mm×170mm
印 张	13.5
字 数	300 千
书 号	ISBN 978-7-5531-1061-5
定 价	42.00 元

本书若有印装质量问题,请与工厂调换

序一

恩格斯在《在马克思墓前的讲话》中说道："正像达尔文发现有机界的发展规律一样，马克思发现了人类历史的发展规律，即历来为繁芜丛杂的意识形态所掩盖着的一个简单事实：人们首先必须吃、喝、住、穿，然后才能从事政治、科学、艺术、宗教等等。"人的精神需求，总是伴随着物质生活水平的提高而与日俱增。物质与精神，有如车之两轮、鸟之两翼，共同构成了"生命"。今天，衡量一个生命的质量，不再只看它是否安全、健康、舒适，还要看其达到了怎样的境界，是否找到了安身立命的精神家园，像斯宾诺莎所说的那样，"永远享受灵魂的和平"。这个家园的构成，或以宗教，或以信仰，或以别的什么价值。孔子创立的儒家学说，是中华传统文化的主要源头，是几千年来无数炎黄子孙共同的精神家园。由内圣而外王，由格、致、诚、正到修、齐、治、平，其中蕴含着丰富的人生观、价值观：人为什么活着，应该怎样活着，怎样为人处事，怎样完善自我。它超越了时空，既具有全人类的普世价值，又具有指导当下的现实意义，为世人提供了一种中国式选择，是对人类文明的重要贡献。

在全球化时代已经到来，中国经济高速发展，全面步入现代化的今天，侯育川先生面向青少年，推出了心血之作——《成语溯源读论语》，可以说是恰逢其时。该书以阐释传播《论语》所代表的优秀传统文化思想，读书育人，陶冶情操，浸润心田为职志，希望青少年在中国优秀传统文化中沐仁浴德，做一个有理想、有道德、高尚的、脱离了低级趣味、有益于社会的人，发愿良，主旨正，用心苦，值得钦佩。

作者不是专职科研人员，但仍能竭尽全力广征博引，择善而从，用功綦勤。两千多年来，研治《论语》之作汗牛充栋，各种普及性读物也多不胜数。本书从成语的角度切入，既不像成语词典那样专释词语，又不像注疏之作那样专门解经，而是由成语管窥《论语》，由《论语》体味成语，深入浅出，由此及彼，将词语知识与思想内容、历史资源和日常应用结合起来，不失为一种新的尝试。体例上，以《论语》所见成语为条目，先释词义，次引包含此成语的《论语》原文，再次为原文注释及今译，最后结合现实进行疏解发挥，既有一定特色，亦有利于青少年读者切己体验，加深理解。如果尚能在注释翻译和难易把握等环节上百尺更进，相信此书定能不胫而走，受到欢迎。

该书也是作者为孙女准备的一份人生礼物，“无黄金半两遗子孙，有家书一册传后人”。在人心不古，世风日下之际，如此传家实属难能可贵，令人赞叹。作者为人忠厚，操守淳正，则又不止于言传，而以身教矣。故乐为之序。

四川大学古籍整理研究所教授　博士生导师　**郭　齐**

序二

聚沙成塔　积跬致远

侯君育川，与我相识足足三十载矣。初因工作与之接触，不想后来竟成挚交。

侯君系山西人氏，少年入川，岁月销蚀，晋风犹存。他处世以诚，诚至则友聚；待人以礼，礼到则德见。与之同行，若沐冬阳；与之共语，如坐春风。谦谦君子之交，胜于泛泛江湖。此情此缘绵延三十年而不绝，盖源自此耳。

经年累月，相知弥笃。侯君不染烟酒，却好茗茶。滇红徽绿，皆为他盏中涤荡之物；金针黄芽，悉成壶里蕴香之品。侯君非但嗜茶，还深谙茶趣。观其色，便知茶品之年成；闻其香，便知茶质之优劣；品其味，遂知茶之品类及产地。我曾戏称他为“千年陆羽之后又一茶神”。

饮茶益于思考，读书丰满思想。在忙碌的红尘行走间，侯君给自己辟设了灵魂的憩所——读书。早年对语时，知侯君喜读国学经典，周易鬼谷之书也曾听他提及。我当时阅读兴趣不在于此，只当成了侯君阅读的“搜奇猎怪”，未及与之交流。直至去年春，侯君将年届赋闲时，他给我几十篇研读《论语》的文章看后，才知他多年来一直在传统经典里游走，并读有所感，感有所悟，遂写出几十篇有关《论语》的研读文稿。于是侯君托我审读这些文稿。识文判句，分节断章是我上半生的糊口之技，加之退休后闲日尚多，我便应诺了侯君之托。

此书最初之用是侯君想作为家书传诸后人。历代名宦之家，集书信、教谕、诗文摘钞而成一家之书的已屡见不鲜。古时的《颜氏家训》《朱子家训》《袁氏世范》及近代的《曾国藩家书》《傅雷家书》都堪为家书典范，为传承良俗嘉行、匡正世态民风不啻是一剂良方。

初读一遍书稿后，我与侯君进言：何不突破家书之限，将童蒙幼小作为读者而出版。一来《论语》作为古籍经典已家喻户晓，却又因文字艰涩而理解困难；二来出版发行又让这部书更显社会价值。侯君当即允诺。目标既定，肩任更重。侯君又从篇章结构、语句的通晓、注释的繁简等方面进行调整和改写。我因此也一而再，再而三地三阅其稿。我每阅完一遍文稿都与侯君面晤商榷。侯君则从善如流而又认真谨慎，对我所提的意见，总要经辨析后再对文稿做出修改。

侯君去年九月卸任归田，何以不经周年便成书一部？溯其缘由，正像我在《戏赠侯君》的诗中所云："清茶一盏尘心静，公务纷繁亦读书。"侯君就是多年读书积累，用聚沙成塔，积跬致远的不懈努力，完成了此书的写作。

许多　戊戌年二月初五春分日撰文

目 录

三 八佾篇

四 里仁篇

五 公冶长篇

六 雍也篇

七 述而篇

八　泰伯篇

九　子罕篇

十　乡党篇

十一　先进篇

十二 颜渊篇

十三 子路篇

十四 宪问篇

十五 卫灵公篇

十六 季氏篇

十七 阳货篇

十八 微子篇

十九 子张篇

二十 尧曰篇

一

学而篇

不亦乐乎

不亦乐乎 不亦，常用于表肯定意思的反问句中，句末加“乎”字，形成“不亦……乎”这种句式，表委婉的反问。相当于“不是……吗？”“不也……吗？”不亦乐乎，原义是表示快乐，现在一般形容达到过甚的程度，用来表示淋漓尽致的意思。

原文：

子曰：“学而时习之，不亦说乎？有朋自远方来，不亦乐乎？人不知而不愠，不亦君子乎？”

注释：

子：先秦时期，“子”有三义：一、爵位之一。周朝时期有公、侯、伯、子、男五等爵位，大夫虽贵不敢称子。二、执政之卿。春秋自鲁僖公、鲁文公以后执政之卿才称子。孔子当过鲁司寇，故他的学生称他为“子”，称子不成其辞则称“夫子”。三、后来一般为学者所宗亦称子，如孔子、墨子等。再后来发展为对男子的尊称，如《论语》中孔子弟子子贡、子渊、子游等的字前都加“子”。《论语》中“子曰”的“子”都是指孔子。

学：“学”有两义：一、效，后觉者效仿先觉者。如我们今天的向某某学习，即效仿某某。二、读书。

时：在先秦时候若作副词用，意思是“在一定的时候”或“在适当的时候”，后来才有“时常”的意思。这里是“在一定的时候”的意思。

习：本义是鸟数飞的意思，引申为温习、实习、演习。孔子所讲，一般都与当时社会生活和政治生活密切相关，如礼、乐、射、御这些都须靠演习、实习。

说：读 yuè。“悦”的古字，发自肺腑的高兴、愉快。

朋：志同道合者。

乐：读 lè。快乐，愉快。

人不知：人不知我，即别人不了解我。这一句与《学而篇》里的“不患人之不己知，患不知人也”，《里仁篇》里的“不患莫己知，求为可知也”，《宪问篇》里的“君子病无能焉，不病人之不己知也”的精神相通。

愠：读 yùn。恼怒。

君子：在《论语》里，一是指有德之人，一是指有位之人。这里指有德之人。

今译：

孔子说：“学了按一定的时间去温习、实习，不是很快乐吗？有朋友从远方来，不也很高兴吗？别人不了解我，我也不恼怒，不也是君子吗？”

疏解：

《论语》学而第一，开篇首章，言浅意深。既是孔子的自我写照，又是对后辈学者的期望。“学而时习之，不亦说乎？有朋自远方来，不亦乐乎？”这一“悦”一“乐”，说的是在学习和与朋友交流中的一种心理体验。人生天地之间，由懵（měng）懂孩童到耄（mào）耋（dié）之年，终其一生，要有所进步，有所成就，全在一个“学”字。学习是每个人须臾不可离开的，懂得学习，善于学习，即奠定了人生发展进步的基础。学而时习，与先哲对话，聆听智者教诲，了解古今天下之事，掌握新知识、新技能，无疑扩展了我们生命的长度和宽度，提升了生命的质量，能不快乐吗？《学记》里讲：“独学而无友，则孤陋而寡闻。”与正直的人、诚信的人、知识广博的人相交[1]，修学进德，能不高兴吗？

“人不知而不愠，不亦君子乎？”谈的是人格修养，学习的目的是最大限度地完善自己，激发自己的潜能，提升自身的道德修养和济世利人的能力，做一个有益于自己、有益于社会的“君子”。不怕别人不了解自己，怕的是自己没有能力水平[2]。

纵观孔子的一生，不管是教学也好，从政也罢，都是在不断地学习中度过的。他曾自我评价道：“就是十户人家的地方，一定有像我这样又忠心又诚信的人，只是没有我喜欢学问罢了。”[3] 孔子之学，从内容上讲是学修己的道理和学济世利人的知识；从途径上说，除学习书本知识外，向有一技之长的时人贤者学习。孔子多

---

[1] 《论语·季氏篇》：“孔子曰：‘益者三友，损者三友。友直，友谅（诚信），友多闻，益矣。友便辟（辟同嬖。便辟：谄媚奉承），友善柔，友便佞（便佞：夸夸其谈），损也。’”

[2] 《论语·宪问篇》：“子曰：‘不患人之不己知，患其不能也。’”

[3] 《论语·公冶长篇》：“子曰：‘十室之邑，必有忠信如丘者焉，不如丘之好学也。’”

次向老子请教礼仪方面的知识;[1] 向师襄学击磬(qìng)、鼓瑟、弹琴;[2] 就韶乐与武乐的异同和不解之处,虚心请教苌(cháng)弘。[3] 圣人无常师,向有德有才的人学习。有的在实践中学,如"多闻,择其善者而从之,多见而识之"[4]。诚如其弟子子贡所说,"文武之道,未坠于地,在人。贤者识其大者,不贤者识其小者。莫不有文武之道焉。夫子焉不学?而亦何常师之有?"[5] 在学习中学与思相结合,"学而不思则罔,思而不学则殆。"[6] 孔子之学,强调的是学以致用。他说:"熟读《诗经》三百篇,交给他行政事务,却办不通;叫他出使外国,又不能独立地去谈判酬酢(chóu zuò,酬,向客人敬酒;酢,向主人敬酒。酬酢,泛指交际应酬);即使读得多,有什么用处呢?"[7] 孔子终其一生,确如其所说,是在"学而不厌","发愤忘食,乐以忘忧"中度过的。在世界文化之林,孔子为中华民族树起了一座不朽的思想文化丰碑,他也成为中华民族的万世师表。

犯上作乱

犯上作乱 犯,抵触,冒犯。上,上级,上司。作乱,悖逆争斗之事。反德为乱。犯上作乱是贬义词,意思是冒犯君上,造反作乱,在古代被视为大逆不道。

原文:

有子曰:"其为人也孝弟,而好犯上者,鲜矣;不好犯上,而好作乱者,未之有也。君子务本,本立而道生。孝弟也者,其为仁之本与!"

注释:

有子:孔子学生。姓有,名若,字子有,鲁国人,比孔子小33岁。《论语》记载孔子学生一

---

[1] 参见《史记·孔子世家》《孔子家语》《庄子》《吕氏春秋》《礼记》等记载。

[2] 参见《史记·孔子世家》《孔子家语》《韩诗外传》《列子》等记载。

[3] 《大戴礼记》:"孔子适周,访礼于老聃,学乐于苌弘。"

[4] 详见《论语·述而篇》。

[5] 详见《论语·子张篇》。

[6] 详见《论语·为政篇》。

[7] 《论语·子路篇》:"子曰:'诵《诗》三百,授之以政,不达;使于四方,不能专对;虽多,亦以奚为?'"

般称字，只有曾参、有若、闵子骞和冉有称“子”。有若称“子”，据研究者推测说，《论语》一书是曾参和有若的门人所编。

孝：《说文》：“孝，善事父母者。”善于侍奉父母就称为孝，是子女对待父母的正确态度和做法。《论语》中，在不同的场合，从不同的角度对孝作了解读。

弟：读 tì，“悌”的古字，敬爱兄长。

好：读 hào，喜欢，心里想着。

鲜：读 xiǎn，少。《论语》中的“鲜”都是少的意思。

未之有也：即“未有之也”。在古代汉语中，否定句中的宾语如果是指代词（如“之”），这指代宾语一般放在动词前。

务本：务，专力；本，犹如根。

道：“道”的本义为“路。”这里指为人处世的道理。《论语》中涉及“道”字的有 89 处，其中孔子言论中使用“道”59 次。“道”字在不同的语境有不同的解读，都具有积极的正面的意义。

为仁之本与：仁，这里的“仁”历来有两种不同的解释，一说是“仁”；另一说是“人”。各有其论据。笔者赞同后一说，《论语》中以“仁”为“人”的并不是孤例。如“观过，始知其仁矣”，“井有仁焉”等，这里的“仁”都应作“人”。同时，看作“人”方与章首“其为人也孝弟”相呼应。与：“欤”的古字，句末语气词，带有探询的语气。

也、矣：都是句末语气词。“也”的作用是，它前面的句子是对事物进行某种判断或论断的，它是帮助表示判断或肯定语气的，现代汉语里没有同它相当的语气词。“矣”的作用是，它前面的句子是把事物的现阶段作为新情况报道出来，帮助表示陈述语气的，相当于现代汉语的“了”。

今译：

有子说：“他的为人，（如果）孝顺父母，敬爱兄长，却喜欢冒犯上司，是很少的；不喜欢冒犯上司，却喜欢悖逆争斗，这种人是没有的。有德之人专心致力于根本，根本牢固了，为人处事的道理也就知晓了。孝顺父母，敬爱兄长，这就是做人的根本。”

疏解：

在这一章中，有子特别指出做人在重本，本在“孝悌”。《大学》提出了为人做事的根本在“修身”，“身修而后家齐，家齐而后国治，国治而后天下平。自天子以至于庶人，壹是皆以修身为本”。强调“德者，本也”。有子承孔子之意，在此明确孝敬父母、友爱兄弟是做人的根本。君子凡事用力于根本，根本既立，则事事物物各当其理，而道自生。

孔子与弟子多次论及孝悌，孔子更多的是从人性的角度，怀着对生命的敬畏，对人的一种终极关怀，极具人文色彩。所以读孔子对“孝悌”的论述，如听一位慈祥老人的循循善诱。有子此论，虽也从人性考量，但出发点却是维护社会既有秩序，如道德家的说教。有子主张“不犯上”，孔子则说事君之道，不要阳奉阴违地欺骗他，却可以当面提出不同意见。[1] 认为君臣是一互相对等的关系：“君使臣以礼，臣事君以忠。”[2] 君臣相与，必须合乎道义，所谓“以道事君，不可则止”。[3] 从逻辑上讲，“为人孝悌”、“不好犯上作乱”，固然是人的本分，但并不能由“为人孝悌”推出“不好犯上作乱”。揆诸事实，历史上身为孝子而最终犯上作乱者亦不在少数。

巧言令色

巧言令色　巧，好。令，善。花言巧语，装出和颜悦色的样子。原义为花言巧语，伪善的容貌，务以悦人，以此达到自己的目的。现在一般形容花言巧语，虚伪讨好。巧言令色是贬义词。

巧言令色最早见于《尚书·虞书》，是先秦俗语。《虞书·皋陶谟（谟，mó，陈说道理）》：皋陶曰：“知人则哲（哲，智慧），能官人（官人，谓用人）；安民则惠，黎民怀之。能哲而惠，何忧乎驩兜？何迁（迁，流放，放逐）乎有苗？何畏乎巧言令色孔壬?”

皋陶（gāo yáo），中国上古传说中人物，被舜任命为掌管刑法的“理官”，以正直闻名天下。驩兜（huān dōu）是中国古代传说的三苗族首领，传说因为与共工、鲧（gǔn）一起作乱，而被舜流放至崇山，即今之湖南张家界。孔壬，传说中的尧时大奸佞，曾任共工之官。《虞书·皋陶谟》在这一章中讲的是君主治国之道：一是知人善用，一是使民安居乐业。果若如此，虽有党恶如驩兜者，亦将改恶从善，何足忧？虽有昏迷如有苗者，亦将感化归服，何必流放？虽有巧好其言，令善其色，

---

[1] 《论语·宪问篇》：“子路问事君。子曰：‘勿欺也，而犯之。’”

[2] 详见《论语·八佾篇》。

[3] 详见《论语·先进篇》。

包藏奸恶者，亦将变巧诈为诚实，何足畏？

原文：

子曰："巧言令色，鲜矣仁！"

注释：

仁：孔子理想中的一种道德标准，指对人亲善、仁爱。《论语》以"仁"字形容人品时，都有动态含义，亦即走在仁的道路上。

今译：

孔子说："花言巧语，伪善的容貌，这种人是很少行仁德的。"

疏解：

这一章孔子从语言和脸色来谈人的品德。语言和脸色是一个人的表面现象，仁是其内在的品德。内在的品德通过外在的行为所表现，外在的行为反映了内在的品德。孔子说语言以诚为贵，脸色以正为贵。《尚书·洪范》里讲"貌曰恭，言曰从"，"恭作肃，从作乂（乂，读 yì，条理）"。容貌严肃诚敬，可畏可象而作肃；语言顺理成章，有条有理而作乂。孔子学说的核心是仁。一次他的学生司马牛问行仁德。孔子说："行仁德的人，他的言语缓慢谨慎。"司马牛不理解，又问："言语缓慢谨慎，这就叫做行仁了吗？"孔子回答说："做起来不容易，说话能够不缓慢谨慎吗？"[1] 孔子是反对花言巧语的，他认为"巧言乱德"。他说："花言巧语，伪善的容貌，十足的恭顺，左丘明认为可耻，我也认为可耻。"[2] 他曾讲"君子有九思"，其中就有"脸上的颜色，考虑温和吗；容貌态度，考虑庄矜吗；说的语言，考虑忠诚老实吗"[3]。其弟子子夏也说，"君子有三变：远远望着，庄严可畏；向他靠拢，温和可亲；听他说话，严厉不苟。"[4] 孔子和儒家注重人的实际行动，特别强调人应当言行一致，力戒空谈浮言，心口不一。这种踏实态度和质朴精神长期影响着中国人，成为中华传统思想文化中的精华。

---

[1] 《论语·颜渊篇》："司马牛问仁。子曰：'仁者，其言也讱（讱，读 rèn，说话缓慢谨慎）。曰：'其言也讱，斯谓之仁已乎？'子曰：'为之难，言之得无讱乎？'"

[2] 《论语·公冶长篇》："子曰：'巧言、令色、足恭，左丘明耻之，丘亦耻之。匿怨而友其人，左丘明耻之，丘亦耻之。'"

[3] 《论语·季氏篇》："孔子曰：'君子有九思：视思明，听思聪，色思温，貌思恭，言思忠，事思敬，疑思问，忿思难，见得思义。'"

[4] 《论语·子张篇》："子夏曰：'君子有三变：望之俨然，即之也温，听其言也厉。'"

三省吾身

三省吾身 指每天自觉地多次反省检查自己。

原文：

曾子曰："吾日三省吾身：为人谋而不忠乎？与朋友交而不信乎？传不习乎？"

注释：

曾子：孔子学生。名参（参，读 shēn），字子舆，鲁国人，比孔子小 46 岁。

三：这里表示多次的意思。古代在有动作性的动词上加数字，这个数字一般表示动作频率。"三省"的"三"只是一个巧合，如果这"三"是指以下三件事，依先秦时代的句法应该是"吾日省者三"，和《宪问》的"君子道者三"一样。

省：读 xǐng，反省，内省。

忠：《说文》："忠，敬也，尽心曰忠。""忠"是孔子学说中的一个重要概念，是对事对人的应有品德和行为准则。意思是尽力做好自己的分内之事，尽力做好别人托付的事，对别人负责。

信：言语真实，不虚伪。"信"也是孔子学说中的一个重要概念，是对人对事应有的一种道德品质和行为准则。意思是对人真诚，又为守信，实践诺言。

传不习乎：传授的知识自己实习演练过吗？皇侃《论语义疏》认为"凡有所传述，皆必先习，后乃可传，岂可不经先习而后妄传之乎？"孔子说的"温故而知新，可以为师矣"正是这句的最好注释。另一说是老师传授的是不是细细理会，身体力行了。

今译：

曾子说："我每天多次反省自己：为别人办事尽心竭力了吗？同朋友交往诚信吗？传授的知识自己实习演练过吗？"

疏解：

这一章，曾子切问近思，修德进业在"忠""信"上下功夫。谋贵尽忠，朋友主信，传恶穿凿，故曾参日日时时检讨反省自己。忠和信是孔门倡导的核心价值观，孔子多次讲道“要以忠和信这两种道德为主”[1]，并告诉其弟子曾参“我的学说贯穿一个基本观念。”曾参认为就是“忠和恕”。[2] 孔子及其门人说的“忠”，并不是后世专指臣民尽心事上，而是尽心竭力做好自己的分内之事，尽心竭力做好别人托付的事。“信”即对人真诚，又为守信，实践诺言。忠信是做人起码的道德行为，应事事警戒，日日反思自己的言行是否合乎忠信之德。

古有曾子的“吾日三省吾身”，今有陶行知先生的“每天四问：我的身体有没有进步？我的学问有没有进步？我的工作有没有进步？我的道德有没有进步？”内省是一个人修德进业的重要门径之一。现代社会信息是立体的，观念是多元的，如果不能日日内省，很可能在滚滚红尘中迷失自我，终生一事无成。所以不管多忙，每天抽一定的时间，从品德修养、工作得失、学习知识诸方面反思、总结，追问自己哪些做得好，哪些方面还有差错，为什么会出现这些问题，以及改进的方法路径。《易·系辞下》所讲：“善不积不足以成名，恶不积不足以灭身。”果能如此，日积月累，积小胜为大胜，何愁品德修养不能提高，学业不能进步，事业不能成功！

行有余力

行有余力 做了事情以后，还有剩余的精力和时间。

原文：

子曰：“弟子入则孝，出则悌，谨而信，泛爱众，而亲仁。行有余力，则以学文。”

注释：

弟子：《论语》中的“弟子”有两种意义：一是指年纪幼小的人。一是指学生。南朝刘宋时期的教育家雷次宗说：“学生事师虽无服（服：这里指血缘关系，一般指高祖父、曾祖父、祖父、自身五代“五服宗亲”。），有父兄之恩，故称弟子。”这里用的是第一种意义。

入、出：古代被封爵受职的人，父子不在同一宫室居住。“入”说的是由所居宫室至父母居

[1] 详见《论语》学而篇、子罕篇、颜渊篇。

[2]《论语·里仁篇》：“子曰：‘参乎！吾道一以贯之。’曾子曰：‘唯。’子出，门人问曰：‘何谓也？’曾子曰：‘夫子之道，忠恕而已矣。’”

住宫室。“出”指的是外出学习。入则、出则成了先秦习语。

谨：谨慎。谨于事见，信于言见。

仁：这里指有仁德的人。古汉语有一种修辞规律：用某一具体人或事物的性质、特征甚至原料来代表那一具体的人或事物。

泛：《说文》：“泛，浮貌。”引申为普遍之义。

亲：《广雅·释诂》：“亲，近也。”可译为亲近。

文：这里指礼、乐、射、御、书、数。

今译：

孔子说：“后生晚辈在家要孝顺父母，出门要敬重兄长；行为谨慎而说话信实，博爱大众并且亲近有仁德的人。认真做好这些事，再去努力学习礼、乐、射、御、书、数等知识技能。”

疏解：

孔子在这一节讲了一个人学习过程中德智体美全面发展中的关系问题，清楚地表明了道德实践与文化知识的轻重次序。把品德修养放在首位，以德为本，重躬行实践。孔子在这里讲的是轻重次第的问题，而不是时间先后顺序。

在人的成长上民间有句俗语，叫做：“三岁看大，八岁看老。”说的是一个人十岁以前形成的文化教养、行为习惯，会影响整个人生，其重要性自不待言。孟子说；“孩提之重，无不爱其亲；及其长也，无不知敬其兄。”[1] 家庭是一个人来到这个世界上的第一环境，无疑对他的成长起着至关重要的作用。父母对子女的教育应长善救失，首先重视品德的培养，在孝顺父母、尊敬长辈、礼貌待人、遵守规则、做事谨慎、说话诚信、关爱他人等方面进行养成教育。重视品质培养并不是放弃文化知识的学习，而是强调做人为先，全面发展。

言而有信

言而有信 意思是说话靠得住，有信用。

[1] 详见《孟子·尽心》。

原文：

子夏曰："贤贤易色；事父母，能竭其力；事君，能致其身；与朋友交，言而有信。虽曰未学，吾必谓之学矣。"

注释：

子夏：孔子学生。姓卜，名商，字子夏，春秋末晋国温人。比孔子小 44 岁，名列孔门四科（德行、言语、政事、文学）里的"文学"科。

贤贤易色：第一个"贤"为形容词使动用法，指尊敬。第二个"贤"是名词，有才德者。"易"，这里是轻视意。"贤贤易色"可译为："尊敬贤者，轻视美色。""色"，指女色。

竭：本义为举重、负重。引申为用力到达极限。可译为"用尽"。

致：本义为送达，引申义为献出，尽。这里用的是引申义。

今译：

子夏说："尊敬贤者，轻视美色；侍奉父母，能够尽心竭力；服侍君上，能豁出生命；同朋友交往，说话诚实守信。这样的人，即使他说没有学习过，我也一定说他学习过了。"

疏解：

这一章子夏讲了一个人应该怎样处理四种基本人伦关系，即夫妻、父母、君臣、朋友这四种。朱熹以为："四者皆人伦之大者，而行之必尽其诚，学求如是而已。"如果一个人能够在生活实践中修行好这四种人际关系，即夫妻之间，做妻子的重德不重财，做丈夫的重德不重色；父子之间，父严母慈子孝；上下级之间，上级以礼待下属，下属对工作尽心竭力；朋友之间，诚实守信。虽然没学什么文化知识，也算有道德教养了。

子夏此语，重视躬行实践，讲究道德修养。与孔子"弟子入则孝，出则悌，谨而信，泛爱众，而亲仁。行有余力，则以学文"相比较，孔子之语清楚地表明了道德实践与文化知识的轻重次序，而子夏此论有以德行代替学问的意思，有走向极端的倾向。须知明理，才能自觉自为，《中庸》所谓"遵德性而道学问"。《论语·阳货》中记载了孔子对道德修养与学习知识的关系论述："好仁不好学，其弊也愚；好知不好学，其弊也荡；好信不好学，其弊也贼；好直不好学，其弊也绞（绞，读 jiǎo，说话尖酸刻薄，不通情理）；好勇不好学，其弊也乱；好刚不好学，其弊也狂。"仁、智、信、直、勇、刚这六个方面的道德如果不通过学习来培养就可能产生弊端，这就肯定了学习在人的道德修养中不可或缺的重要地位。概括起来，道德修养是人生的根本，学问知识是实现道德修养的基本途径，两者不可偏废。

言而有信，讲的是说话诚实守信，内不欺己，外不欺人，虽旧交而不忘。有子说："信近于义，言可复也。"[1] 即与人约定的事情符合道义，说的话就要兑现。现代社会一定要有契约意识。在与他人约定事情时，要考虑是否符合国家法律法规，符不符合社会道德，以及主客观条件能不能办到。一旦约定，如没有不可抗拒的原因，都必须践言，做一个言而有信的人。孔子说："人而无信，不知其可也。大车无輗（ní），小车无軏（yuè），其何以行之哉？"[2]

慎终追远

慎终追远 旧指慎重地办理父母丧事，虔诚地祭祀远代祖先。后也指谨慎从事，追念前贤。

原文：

曾子曰："慎终，追远，民德归厚矣。"

注释：

慎终：慎，谨慎，慎重。终：终了，结束。引申为生命完结，死。在古代君子去世叫终，小人去世叫死。慎终即曾子所谓："丧三日而殡，凡附于身（附身指装殓）者，必诚必信，勿之有悔焉耳矣。三月而葬，凡附于棺（附棺指埋葬）者，必诚必信，勿之有悔焉耳矣。"[3]

追远：远，犹久。这里指代父祖已殁（殁，读 mò。寿终、死亡的意思）虽久远，应当按礼祭祀。《荀子·礼论》："故有天下者事十世，有一国者事五世，有五乘之地者事三世，有三乘之地者事二世。"

今译：

曾子说："谨慎地对待父母的死亡，祭祀追念先祖，民风就会趋于淳厚了。"

---

[1] 详见《论语·学而篇》。

[2] 详见《论语·为政篇》。古代用牛拉的车叫大车，用马拉的车叫小车。拉车要把牛或马套在车辕上。车辕前面有一根横木，就是驾牛或马的地方。大车上的横木叫鬲，小车上的横木叫衡。鬲、衡两头都有活销，鬲的活销是輗，衡的活销是軏。车子没有它，就无法套住牛马，自然不能拉动车。

[3] 详见《礼记·檀弓》。

疏解：

谨慎持重对待父母身后之事，追怀远祖，感念他们的养育之恩，继承其优良品行，既是一种孝道，也是个人道德修养过程，亦可使民风淳厚。对曾子的这句话，我们可以结合孔子的两次谈话来理解。一次是孔子弟子樊迟为孔子赶车，孔子对樊迟说：孟孙向我问孝道，我告诉他不要违背礼节。意思是，父母活着的时候，依规定的礼节侍奉他们；父母去世，按规定的礼节埋葬他们，祭祀他们。[1] 另一次是林放向孔子问礼的本质是什么，孔子告诉他：就一般礼仪说，与其铺张浪费，宁可朴素俭约；就丧礼说，与其仪文周到，宁可过度悲哀。[2] 孔子告诉人们，对待逝者，一是要以礼相待："葬之以礼，祭之以礼。"二要以诚相待："丧，与其易也，宁戚。"慎终追远，是对逝者寄托人们的哀思，追念先人优良的品质和优秀事迹，也是生者对生命的敬畏。中华民族历经几千年的传承不衰，这恐怕也是重要原因之一。

温良恭俭让

温良恭俭让 指温和、善良、恭敬、节俭、谦让五种美德。原是儒家倡导的待人接物的准则，现形容一个人的品质形象温良谦和。

原文：

子禽问于子贡曰："夫子至于是邦也，必闻其政，求之与？抑与之与？"子贡曰："夫子温、良、恭、俭、让以得之。夫子之求之也，其诸异乎人之求之与？"

注释：

子禽：陈亢（读 gāng），字子禽。《孔子家语·七十二弟子篇》、汉代郑玄注《论语》《檀弓》等说他是孔子学生。《史记·仲尼弟子列传》没有记载此人。从《论语》三处记载子禽的言论来看，恐怕不是孔子学生。一是子禽没有与孔子直接对话的记录，二是有一处直接称呼孔子为

[1] 《论语·为政篇》："孟懿子问孝。子曰：'无违。'樊迟御，子告之曰：'孟孙问孝于我，我对曰，无违。'樊迟曰：'何谓也？'子曰：'生，事之以礼；死，葬之以礼，祭之以礼。'"

[2] 《论语·八佾篇》："林放问礼之本。子曰：'大哉问！礼，与其奢也，宁俭；丧，与其易（易，有把事情办妥帖的意思）也，宁戚。'"

"仲尼"。《论语》中孔门弟子称孔子都尊称为"夫子"。

子贡：孔子学生。姓端木，名赐，字子贡，卫国人，比孔子小 31 岁。子贡为孔门十哲之一，孔子将其归为"言语"特优类。子贡能言善辩，在政事和外交方面特别出色。

夫子：古代的一种敬称。凡是做过大夫的人，都可得到这一尊称。孔子曾做过鲁国的司寇，所以称他夫子。

邦：国家。

抑：读 yì。连词，表示选择。相当于现代汉语的"还是"、"或者"。

与：读 yǔ，句末语气词，本文三处都是表示疑问。"与"是"欤"的古体字，后来写作"欤"。

温、良、恭、俭、让：温，指脸色温和。良，指心地善良。恭，指态度恭敬。俭，指生活俭约。让，指待人接物谦逊退让。宋代邢昺："敦柔润泽谓之温，行不犯物谓之良，和从不逆谓之恭，去奢从约谓之俭，先人后己谓之让。"

其诸：表示不肯定的语气，相当于现代汉语的"大概"。

今译：

子禽向子贡问道："先生到了一个国家，一定会听得到这个国家的政事。是求来的呢？还是别人主动告诉先生的？"子贡说："先生是靠温和、善良、恭敬、节俭、谦逊得到的。先生获得的方法，大概和其他人获得的方法不同吧？"

疏解：

学习本章，我们可结合孔子与其弟子子张的一次谈话来理解。子张请教如何才能使自己到处行得通。孔子告诉子张："言语忠诚老实，行为忠厚严肃，即使到了别的部族国家，也行得通。言语欺诈无信，行为刻薄轻浮，就是在本乡本土，也行不通。站立的时候，就好像看见'忠诚老实、忠厚严肃'几个字在我们前面；坐在车里，就好像看见它刻在前面的横木上。时时刻刻记着'忠诚老实、忠厚严肃'，这样就会使自己到处行得通。"[1] 这告诉我们，孔子"必闻其政"首先靠的是他的人品。他时时刻刻记着"忠诚老实、忠厚严肃"几个字，才能使自己到处行得通，这也可在"子张问仁于孔子"中得到印证。子张向老师请教养成仁德的方法，孔子告诉他"能够处处实行五种品德，便是一个仁者了"，并告诉子张这五种品德就是恭敬、宽厚、诚实、勤敏、慈惠。对人恭敬就不会遭受侮辱，宽厚就会得到大众的

---

[1]《论语·卫灵公》："子张问行。子曰：'言忠信，行笃敬，虽蛮貊之邦，行矣。言不忠信，行不笃敬，虽州里，行乎哉？立则见其参于前也，在舆则见其倚于衡也，夫然后行。'"

拥护，诚实就会得到别人的任用，勤敏就会贡献大，慈惠就能够使唤人。[1] 这也是我们在生活工作中为人处世的准则。

从《论语》的记载看出，孔子所到之国，或君主问政，或士大夫拜访，或地方行政长官与之论政。这固然有孔子“温、良、恭、俭、让”的原因，恐怕与孔子在鲁国的政绩和他有一个完整的治国理念有莫大的关系。我们在提高道德行为修养的同时，应重视能力的提高，只有这样才能成为一个有益于他人、有益于社会的人。

和为贵

和为贵 现在的意思是以团结为重，不要闹意见，搞分裂。

原文：

有子曰：“礼之用，和为贵。先王之道，斯为美，小大由之。有所不行，知和而和，不以礼节之，亦不可行也。”

注释：

礼：礼最早指行礼之器，本义为举行仪礼，祭神求福。后来演化为处理人际关系，维护社会稳定的法则和仪式。其目的是要使尊卑有别，上下有序。

和：和，即适合，恰当，恰到好处。《礼记·中庸》：“喜怒哀乐之未发谓之中，发而皆中节谓之和。”贾子《道术篇》：“刚柔得道谓之和，反和为乖。”

先王之道：先王指古代帝王，如尧、舜、禹、汤、文、武等；道，途径，方法。

斯为美：斯，指示代词，此。美，善，好。古代的“美”与“善”可通用。在《论语》中，善是重品德造成的具体效果；美则用来形容一切合宜的事物或作为。

节之：节，节制。之，指示代词，这里指代“和”。

今译：

有子说：“礼的作用，凡事以做得恰当为好。过去圣明君王行事，最可贵的地方就在这里，他们小事大事都循此而行。但是，如有行不通的地方，为了恰当而恰当，不用一定的规矩制度来节制，也是不可行的。”

---

[1]《论语·阳货》：“子张问仁于孔子。孔子曰：‘能行五者于天下，为仁矣。’‘请问之。’曰：‘恭，宽，信，敏，惠。恭则不侮，宽则得众，信则人任焉，敏则有功，惠则足以使人。’”

疏解：

这一章的主旨是礼贵用和。了解礼的渊源有助于我们对本章主旨的理解。礼起源于祭祀，《说文》："所以事神致福也。""从示，从豊（lǐ）。礼有五经，莫重乎祭。"最早礼是泛指祭祀这一隆重的文化活动，包括祭品和仪式，后来人们把生活中所有的传统习惯和需要遵守的规范均称为礼。相传的周公制礼，是在周公主持下，对以往的宗法传统习惯进行补充、整理，制定出一套以维护宗法等级制度为中心的行为规范及相应的典章制度、礼节仪式，包括法则和仪式。《管子·心术篇》："登降揖让，贵贱有等，亲疏有体，谓之礼。"礼莫大于辨尊卑，定上下，其目的是使尊卑有别，上下有序。先秦时期，礼文化更多的是贵族文化与社会秩序的主要依据，所谓"刑不上大夫，礼不下庶人"。礼是人们的行为准则，犹如今天我们的法律法规。只是礼强调的是一种道德修养，法律法规更具有强制性。

礼的本质是协调人际关系，维护社会稳定。齐景公曾向孔子请教国家的治理问题。孔子回答说，君要像个君，臣要像个臣，父亲要像个父亲，儿子要像个儿子。齐景公当即说：对呀！假若国君不像个国君，臣不像个臣，父亲不像个父亲，儿子不像个儿子，即使粮食很多，我能吃得着吗？[1] 鲁定公曾经问孔子君主使用臣子，臣子服事君主，他们各自应该怎么做？孔子告诉鲁定公："君使臣以礼，臣事君以忠。"[2] 人的社会角色不同，应各司其职，各尽其责，社会才能有效运转。春秋时期齐景公与晏婴君臣之间的一席话，生动形象地说明了"礼"的社会作用。晏婴以为礼可以使国家长治久安。他说，国君发令，臣属恭敬；父亲慈爱，儿子孝顺；哥哥仁爱，弟弟恭敬；丈夫和蔼，妻子温柔；婆婆慈爱，儿媳孝顺。这就是礼。国君发令而不违背礼，臣下恭敬而没有二心；父亲慈爱而教育儿子，儿子孝顺而规劝父亲；哥哥仁爱而友善，弟弟恭敬而顺服；丈夫和蔼知义，妻子温柔而正直；婆婆慈爱而肯听从规劝，儿媳顺从而能委婉陈辞。这就是礼的美好作用。[3] 有子的"礼之用，和为贵"本质上是通过礼来达到这样和谐有序的社会。

有子此章有两层意思：一是不管是君主治国，还是百姓在日常生活的交往行

---

[1] 《论语·颜渊篇》："齐景公问政于孔子。孔子对曰：'君君，臣臣，父父，子子。'公曰：'善哉！信如君不君，臣不臣，父不父，子不子，虽有粟，吾得而食诸？'"

[2] 详见《论语·八佾篇》。

[3] 详见《春秋左传·鲁昭公二十六年》。

事，都要依规矩而行，而用规矩要适中为好。二是如果有行不通的事，不能为了适中而适中，应该按规矩办。这里提出了一个“规矩”和“适中”的辩证关系，有一个度的把握。告诉我们在为人处事中应坚持规矩制度为底线，情、理、法相结合。做人堂堂正正，做事尽可能恰如其分。

贫而乐道

贫而乐道 意思是虽贫穷却以努力学习、实践仁德为快乐，演绎为家境贫穷，却以获得知识、懂得道理为乐事。

原文：

子贡曰：“贫而无谄，富而无骄，何如？”子曰：“可也；未若贫而乐道，富而好礼者也。”

子贡曰：“《诗》云‘如切如磋，如琢如磨’，其斯之谓与？”子曰：“赐也，始可与言《诗》已矣，告诸往而知来者。”

注释：

谄：读 chǎn。巴结，奉承。《庄子·渔父》：“希意道言，谓之谄。”即揣摩对方的心意，迎合对方的口味叫做谄。

骄：傲慢，骄矜。

何如：即现代汉语的“如何”。《论语》中的“何如”，都可译为“怎么样”。

道：这里指努力学习，实践仁德。

如切如磋，如琢如磨：这句话是《诗经·卫风·淇奥篇》中的句子。制作骨质器具叫“切”，制作象牙器具叫“磋”，制作玉质器具叫“琢”，制作石头器具叫“磨”。[1] 说的是治骨、象牙、玉、石以成器。

其斯之谓与：“其斯之谓与”的句式是“其斯谓之与”的倒装。其，句首语气词，表示一种委婉的语气，有推测、拟议的意思，可译为“恐怕”、“大概”。斯，指示代词，这里指代“如切如磋，如琢如磨”，可译为“这”。之，指代“贫而乐，富而好礼”。与，“欤”的古体，句末语气

[1] 《尔雅·释器》：“骨谓之切，象（象牙）谓之磋，玉谓之琢，石谓之磨。”晋·郭璞注：“皆治器之名。”

词，表示疑问或感叹。

赐：子贡名。孔子对学生都称名。

告诸往而知来者：诸，这里用法同“之”一样，指代子贡。往，本义为过去的事，这里指已知的事。来者，未来的事，这里指未知的事。

今译：

子贡说：“贫穷却不巴结奉承，富有却不傲慢骄矜，怎么样？”孔子说：“可以了，但是还不如贫穷却以努力学习、实践仁德为快乐，富有却谦虚好礼。”

子贡说：“《诗经》上说‘如切如磋，如琢如磨’，说的就是这个意思吧？”孔子说：“赐呀，现在可以和你讨论《诗经》了，告诉你一件事你可以领悟另一件事。”

疏解：

“如切如磋，如琢如磨”一语出自《诗经·卫风·淇奥》，这首诗是赞美卫国一位有才华的君主卫武公的。据记载，卫武公（约前852—前758）在政治上颇有作为，使卫国百姓和睦安定，协助周幽王之子周平王平息犬戎叛乱，并辅佐周平王东迁洛邑（今河南洛阳）。周平王因卫武公功勋卓著，提升他的爵位为公爵。卫武公在他九十五岁高龄时，告诫卫国百姓说：“从卿以下到大夫和众士，只要在朝中，不要认为我年老而舍弃我，在朝廷必须恭敬从事，早晚帮助告诫我；哪怕听到一两句谏言，一定要背诵记住，转达给我，来训导我。”卫武公善于写诗，《诗经·大雅·抑》和《诗经·小雅·宾之初筵》据说出自其手笔。卫人赋《淇奥》颂其德，称赞他是“有匪君子”。[1]“如切如磋，如琢如磨”用来比喻卫武公研究学问和陶冶情操的精益求精。

这一章讲的是贫穷与富贵都应当以努力学习、实践仁德为快乐。“人穷志短，财大气粗”这是常人的心态与表现；“贫而无谄，富而无骄”是守住做人的底线；“贫而乐道，富而好礼”是精神世界的升华。这一节给我们的启示是：人的学问和道德修养是一个不断提高精进的过程，人永远不能满足于已有的成就，而应活到老学到老。另一点是，人应有远大的理想和目标。人无远虑，必有近忧。《吕氏春秋·慎人篇》：“古之得道者，穷亦乐，达亦乐，所乐非穷达也。道得于此，则穷达

---

[1] 请参阅《国语·楚语》《史记·卫康叔世家第七》《左传·襄公二十九年》。

一也。”如颜回之“一箪食，一瓢饮，在陋巷，人不堪其忧，回也不改其乐”[1]。孔子之“饭疏食饮水，曲肱而枕之，乐亦在其中矣。不义而富且贵，于我如浮云”[2]。这都是因为心中有远大的抱负和理想及高深的修养。

[1] 详见《论语·雍也篇》。

[2] 详见《论语·述而篇》。

二 为政篇

一言以蔽之

一言以蔽之　用一句话来概括。

原文：

子曰："《诗》三百，一言以蔽之，曰'思无邪'。"

注释：

《诗》三百：《诗》是我国第一部诗歌选集，编辑成书的时间大约在公元前六世纪，共收诗三百零五篇。孔子删诗后有"《诗》三百"的说法，到西汉被统治者尊为儒家经典之后，才有《诗经》之称。

一言：一句话。古代称一句话为一言。

蔽之：蔽，概括。唐代韩愈《论语笔解》训"蔽"为"断"。之，代词，指《诗》三百。

思无邪：出自《诗经·鲁颂·駉（jiōng）篇》之文，意思是思虑没有邪曲，孔子借它来评论所有诗篇思想纯正。

今译：

孔子说："《诗》三百篇，用一句话来概括它，就是'思想纯正'。"

疏解：

《诗经》是我国第一部诗歌选集。收集有从公元前十一世纪到公元前六世纪，即西周初期到春秋中期共五百多年间的作品。就地域说，主要在黄河流域，也远及长江、汉水一带，包括今甘肃、陕西、山西、山东、河南、河北、湖北等省的一些地方。按照乐曲的不同分"风""雅""颂"三类编排。所谓"风"，是指地方乐调。《诗经》中共选了十五个国家和地区的乐调，包括周南、召南、邶（读 bài，周代诸侯国名，在今河南省汤阴县东南）风、鄘（读 yōng，周代诸侯国名，在今河南省汲县北）风、卫风、王风、郑风、齐风、魏风、唐风、秦风、陈风、桧（读 kuài，西周分封的诸侯国，古都在今河南的密县与新郑之间，其统治区大致包括今密县、新郑、荥阳的一些地方）风、曹风。称十五国风，共160篇。其内容：一是反映了人民被剥削压迫的悲惨命运以及他们的反抗斗争；二是反映了沉重的劳役、兵役给人民带来的痛苦和灾难；三是表现纯真爱情和反映妇女婚姻与命运；四是对劳动的讴歌；五是表现爱国情操和讽刺统治阶级荒淫腐朽。雅如同周南、召南的“南”一样，也是由乐器之名演变为曲调之称的。这种曲调原盛行于西周王畿（读jī，古代称靠近国都的地方），是周王朝直接统治区的音乐。雅有大小之别。大雅共31篇，小雅共74篇（除去笙诗有目无诗6篇）。其内容有周族史诗、战争、祭祀、农事、恋歌、贵族宴会享乐生活、政治讽刺、歌功颂德等。颂是周王朝的庙堂音乐，用于祭祀祖先和神明。“颂”诗就是以歌舞娱乐祖先和神明的唱词。颂共有40首诗，其中周颂31首，鲁颂4首，商颂5首。鲁颂和商颂是春秋前期鲁国和宋国为歌颂自己的祖先而作的。《诗经》内容无论孝子忠臣、愁男怨女，他们或托物比兴，或随事成赋，虽然体类不一，但都出于真情流溢，直写衷曲，毫无伪托虚妄之意，即所谓“诗言志”。

“思无邪”是《诗经·鲁颂·駉》篇中的一句话。《鲁颂·駉》主要内容是歌颂鲁公养马众多，注意国家长远利益。“思无邪”是思虑没有邪曲之意。孔子用《鲁颂·駉》篇中的“思无邪”对整部“诗”的内容作了概括，教人在读诗之间省察谨慎，体贴躬行。

从心所欲不逾矩

从心所欲不逾矩 从心所欲，随心所欲。矩，曲尺，借以比喻一切言行的法度准则。现在多是指一件事情顺其自然，不超越法律道德要求。

原文：

子曰：“吾十有五而志于学，三十而立，四十而不惑，五十而知天命，六十而耳顺，七十而从心所欲不逾矩。”

注释：

有：同“又”。古人在整数和小一位的数字之间多用“有”字，不用“又”字。

志：心有所往，一心常在此目标上并为之努力。

立：《论语·泰伯篇》："立于礼。"《论语·季氏篇》："不学礼，无以立。"刘宝楠《论语正义》："诸解立为立于道，立于礼，皆统于学，学不外道与礼也。"认为"立"是学有成就之义。

不惑：不疑惑。《论语》中《子罕篇》和《宪问篇》里都有"知者不惑"语。

天命：《说文》："命，使也。"意即天使自己如此。

耳顺：《论语义疏》引郑玄语："耳顺、闻其言而知其微旨也。""知其微旨"，即指能明辨逆耳的忠言和乱德的"巧言"。南朝梁·皇侃《论语义疏》："顺，谓不逆也。人年六十，识智广博，凡厥万事，不得悉须观见，但闻其言，即解微旨，是所闻不逆于耳，故曰'耳顺'也。"说的都是"知之之至，不思而得。"

今译：

孔子说："我十五岁，有志于学问；到三十岁，学有所成；四十岁，能通达不致迷惑；五十岁，知道什么是天命了；六十岁，一听别人说话，便可知道真假是非；到了七十岁，便随心所欲，任何念头都不会逾越规矩法度。"

疏解：

这一章是孔子自叙其生平进学次第。立足一个"学"字，演绎了"古者学者为己"，即学是为了提高自身修养，增强立身处世的能力。从"十有五而志于学"到"七十而从心所欲不逾矩"，经历了"三十而立"、"四十而不惑"、"五十而知天命"、"六十而耳顺"几个阶段，达到了超凡入圣之境界。

"吾十有五而志于学"的"学"，其内涵与此前相比发生了质的变化。春秋时期，在贵族与平民之间有一个叫士族的阶层，他们或是贵族后裔的疏远者，或是破落的贵族，或是平民中的优秀子弟。为了谋生，他们以学礼为主，学习礼、乐、射、御、书、数六艺，即所谓儒业。儒是当时社会对这一类专业技术人员的统称。《说文》："儒，术士之称。"学习儒业，如果受聘于公族贵族，还可以获得一份稳定的俸禄。所以孔子说："学也，禄在其中矣。"[1]《史记·孔子世家》："孔子为儿嬉戏，常陈俎豆[2]，设礼容。"孔子在学习并掌握祭祀的内容和礼仪的同时，广泛学习了古代的典籍，特别是《周礼》之类的经典，从中领悟到为人处世的道理，并不断完善个人道德修养，立志成为恢复西周盛世尊卑有序的礼制秩序的思想者、实践

[1]《论语·卫灵公篇》："子曰：'君子谋道不谋食。耕也，馁（něi）在其中矣；学也，禄在其中矣。君子忧道不忧贫。'"

[2] 俎，读 zǔ，祭祀时盛牛羊等祭品的礼器。豆，上古时盛食物的器皿。亦泛指各种礼器。"俎豆"引申为祭祀和崇奉之意。

者。他说：“周监于二代，郁郁乎文哉！吾从周。”[1] 孔子将纯技术专业的儒业，注入了政治理想、品德修养、君子风范的内涵。他说：“儒有不宝金玉，而忠信以为宝；不祈土地，而仁义以为土地；不求多积，多文以为富。”[2] 并立志做“君子儒”，不做“小人儒”。[3] 目标在“道”，根据在“德”，依靠在“仁”，在礼、乐、射、御、书、数六艺之中游憩（读 qì，休息）。[4] “十有五志于学”即此“志于道”之学。

“三十而立”之“立”，孔子曾说是“不知礼无以立”[5]，“立于礼”。[6] 孔子勤学好问，孜孜以求三代之典籍。他说：“我非生而知之者，好古，敏而求之者也。”[7] 刘宝楠《论语正义》：“学不外道与礼也。至三十后，则学立而德成之事。”经过多年的努力，孔子在30岁突破了“小人儒”的局限，成为鲁国公认的周礼方面的专家。他设席授徒，门人弟子众多。鲁国大夫孟僖子临死时，嘱咐他的两个儿子孟懿子和南宫敬叔到孔子那儿学礼。

“四十而不惑”之“不惑”，孔子在《论语·子罕篇》里作了说明，他说“智者不惑”。对智者的理解，我们可从《论语·子罕篇》里孔子的一段话来理解：“子曰：‘可以共学，未可与适道；可与适道，未可与立；可与立，未可与权。’”这一段话正与“吾十有五而志于学，三十而立，四十而不惑”相对照。不惑即“权”，实事求是，权宜变通，从实际出发解决问题。这时的孔子应该是一个智者了吧！

“五十而知天命，六十而耳顺，七十而从心所欲不逾矩。”在《论语·尧曰篇》里记载孔子说的“不知命无以为君子”，孔子在经历了七十多年的人生境遇和仕途坎坷后，达到了“知天命”和“耳顺”的境界。“不怨天，不尤人，下学而上达。知我者其天乎！”[8] “从心所欲不逾矩”体现的是一“诚”字。《中庸》里讲，真诚，是上天的原则；追求真诚，是做人的原则。真诚的人，不用勉强就能做到，不用思考就能拥有，从从容容就能符合客观事物的规律。努力做到真诚的人，就是选

---

[1] 详见《论语·八佾篇》。

[2] 详见《礼记·儒行》。

[3] 《论语·雍也篇》：“子谓子夏曰：‘汝为君子儒，无为小人儒。’”

[4] 《论语·述而篇》：“子曰：‘志于道，据于德，依于仁，游于艺。’”

[5] 《论语·尧曰篇》：“孔子曰：‘不知命，无以为君子也；不知礼，无以立也；不知言，无以知人也。’”

[6] 《论语·泰伯篇》：“子曰：‘兴于《诗》，立于礼，成于乐。’”

[7] 详见《论语·述而篇》。

[8] 详见《论语·宪问篇》。

择好善的目标执着追求的人。孔子至诚，合乎天道、合乎人道是几十年的实践磨炼，道德修养的结果，是习惯成自然的潜意识行为。

温故知新

温故知新 温习旧的知识，得到新的理解和体会。也指回忆过去能更好地认识现在。

原文：

子曰："温故而知新，可以为师矣。"

注释：

温故而知新：温，本义为热水，引申为凡将冷物重热为温。故，所学已得之事。温故，常常温习所学已得的知识，不让忘记。新，即时所学所悟为新。另一说，《黄氏后案》："故，古也，已然之迹也。新，今也，当时之事也。"笔者赞成第一解。孔子称子贡"告诸往而知来者"，正与温故知新义同。

今译：

孔子说："在温习旧知识时，能有新体会、新发现，就可以做老师了。"

疏解：

这一章，孔子虽然说的是为师之法，同时也告诉我们学习贵在有所体悟、有所心得，而不仅仅是死记硬背一些知识。故，是所学已获得的知识。常常温习不使忘失，这是月无忘其所能。新，是即时所学所悟所得。知新，说的是日知其所未知。果能日知所未知，月无忘所能，则可广博学识，担当人师。

温故知新，告诉我们一种学习的态度和方法：天下之义理无穷，而人们的见闻有限，如果只是在记问上做工夫，虽日积月累，犹电脑的存储器，只是死知识，不能有所发明，有所创造。学习过的知识要时时复习，才能巩固；同时在复习中要多思考，反复玩味，久而心领神会，不但知其然，亦知其所以然，并能举一反三，触类旁通。这样才能有新的体会、新的认识。

周而不比

周而不比 团结而不是勾结。指与众相合，但不做坏事。

原文：

子曰："君子周而不比，小人比而不周。"

注释：

君子小人：先秦典籍君子小人均有两义：一是以位言，一是以德言。以位言，君子指的是士大夫贵族官员，小人指的是平民百姓。以德言，君子指的是道德品德高尚的人，小人指的是道德品质败坏的人。这里的君子小人是从道德品质方面谈的。

周比：旧读。周和比都有与人亲厚的意思，所不同的是"周"是以道义来团结人，"比"是以个人私利互相勾结。

今译：

孔子说："君子是团结，而不是勾结；小人是勾结，而不是团结。"

疏解：

这一章，孔子谈的是君子、小人待人接物有公私大小的分别。从表面看，"周"和"比"都是指与人亲厚团结，其出发点却大相径庭。就待人处世而言，君子一心以公，凡理当爱则爱，恩当施则施，不计私利，无需回报，所以亲厚团结周遍广阔；小人则只从自身着想，因势附利，拉帮结派，或任情以为好，或交结以为援，偏党私昵，而无普遍之公。人生天地间，不管做什么，如果没有一念营私，自可告天地，质鬼神，堂堂正正做一个大写的人。若稍有偏向，小则丢失名声，大则丢失性命，古往今来不乏其例。存心不可不正，不可不慎。

学而不思则罔，思而不学则殆

学而不思则罔，思而不学则殆 这句话是孔子所提倡的学习方法。指的是只读书而不思考，就不能深刻理解书中本意，而无所得。而一味空想却不实实在在地学习钻研，就会陷入迷茫。只有把学习和思考结合起来，才能有所得。

原文：

子曰："学而不思则罔，思而不学则殆。"

注释：

罔：读 wǎng。指惘然无所得。

殆：读 dài。指疑惑不决。

今译：

孔子说："只是读书，却不思考，就会迷惘而无所得；只是空想，却不读书，就会疑惑不决。"

疏解：

这一章，孔子讲了人们在探索客观事物、丰富知识、提高修养和能力过程中的途径和方法：学习、思考及学习与思考相结合。孔子所讲的"学"，包括读书和效仿。书本知识是前人社会实践和探索自然的经验成果，是我们快速掌握知识的重要途径。效仿亦即我们通常所说的在现实生活中模仿实践，即孔子所说的："三人行，必有我师焉：择其善者而从之，其不善者而改之。"[1] 人生也有涯，只有借鉴前人的经验才能快速提升丰富自己。思考，即是分析判断事物的本质特征，不但知其然，还要知其所以然。

学习和思考二者缺一不可。一味读书而不思考，就会被书本牵着鼻子走，而失去主见，所谓尽信书不如无书，即指此意。而如果一味空想而不脚踏实地地学习钻研，则终究是空中楼阁，一无所得。学习与思考是相辅相成，缺一不可的，只有把学习和思考结合起来，才能得到真知。孔子曾经说过："吾尝终日不食，终夜不寝，以思，无益，不如学也。"[2] 子夏也说："博学而笃志，切问而近思。"[3]《中庸》所言"博学之，审问之，慎思之，明辨之，笃行之"都说的是一个道理，强调学习与思考相结合的重要性。西方哲人康德也说："感性无知性则盲，知性无感性则空。"这与孔子的"学而不思则罔，思而不学则殆"可说是惊人的一致。可见，人类在知识的学习获取上，不论地域、种族如何差异，其根本性原则往往是一致的。

---

［1］ 详见《论语·学而篇》。

［2］ 详见《论语·卫灵公篇》。

［3］ 详见《论语·子张篇》。

知之为知之，不知为不知

知之为知之，不知为不知 知道就是知道，不知道就是不知道。

原文：

子曰："由，诲女知之乎！知之为知之，不知为不知，是知也。"

注释：

由：孔子学生。名仲由，字子路，卞（故城在今山东平邑县东北仲村）人，小孔子9岁。孔门十哲之一，孔子将其归为"政事"特优生。

知：第一个"知"和最后一个"知"应读zhì，同"智"，聪明智慧的意思。

诲：读huì。教导，明示。

女：读rǔ。古同"汝"，你。

是：指示代词，指"知之为知之，不知为不知"的道理。

今译：

由，教给你什么是聪明智慧吧！知道就是知道，不知道就是不知道，这就是聪明智慧。

疏解：

这一章，孔子告诉我们正确认识、看待自己才是明智之举。关于这段话的背景，《荀子·子道篇》中有记载：子路盛服见孔子，孔子批评了他；子路于是改服而入，但颜色依旧艳丽。孔子对他说："……故君子知之曰知之，不知曰不知，言之要也；能之曰能之，不能曰不能，行之至也。言要则知，行至则仁。既知且仁，夫恶有不足矣哉！"说的是实事求是，不隐其情。有一次，孔子就"自知"这一问题考问了学生子路、子贡、颜回。考题是："有智慧的人怎么行事？有仁德的人怎么行事？"子路的答案是："有智慧的人让别人了解知道自己，有仁德的人让别人热爱自己。"子贡的回答是："有智慧的人了解别人，有仁德的人爱护别人。"颜回的回答是："有智慧的人深知自己，有仁德的人珍惜自己。"孔子给予三位弟子的评判是：子路称得上是一个读书人，子贡是读书人中的君子，而颜回则是聪明智慧的君子。[1] 了解孔子与弟子子路、子贡、颜回就“自知”的一次谈话，有助于我们对本章主旨的理解。知人难，自知更难。这既有人们囿于眼界、知识局限的原因，更有不懂装懂、自欺欺人的深层次心理因素。人贵有自知之明，一个人只有眼界开阔、格局宽广，才能正确认识自己。知道自己的长处和不足是进步的基础。孔子说过：“盖有不知而作之者，我无是也。多闻，择其善者而从之。多见而识之。”[2] 这是我们应取的态度。

见义勇为

见义勇为　看到合乎正义的事情就勇敢地去做。

原文：

子曰：“非其鬼而祭之，谄也。见义不为，无勇也。”

注释：

鬼：《礼记·祭法》：“人死曰鬼。”《礼记·祭义》：“众生必死，死必归土，此之谓鬼。”《尔雅·释训》：“鬼之为言归也。”

祭：供奉鬼神或祖先的一种仪式，目的在于祈福。祭是吉祭。祭与奠不同，奠是人初死后陈设饮食，目的在于安死者的灵魂，奠是凶祭。

谄：读 chǎn。奉承，巴结。

今译：

孔子说：“不是自己应该祭祀的鬼神，却去祭祀他，这是奉承巴结。眼见应该挺身而出的事情，却袖手旁观，这是怯懦。”

疏解：

这一章的主旨是人应当做该做之事。孔子从事情的两端说起，认为不该做的事情却要做，该做的事情却不做，都是私心作祟，是一种投机行为。人祭祀鬼神，各有名分，天子祭祀天地，诸侯祭祀山川，庶人祭祀祖先，都有正当的名分。祭祀祖

---

[1] 详见《荀子·子道篇》。

[2] 详见《论语·述而篇》。

先既是晚辈对祖先人的感念，同时也在于祈福，意在求得祖先的保佑。不是自己的祖先即去祭拜，名不正，行不顺。合乎道理且应该做的事，就努力去做，这就是勇。如果眼见合乎道理且应该做的事而畏惧退缩，不能毅然前往，是怯懦的表现，是无勇。

清代宦懋（mào）庸《论语稽》：“未见义而不为无足怪，见而不为，一由于畏难，一由于避祸。畏难不过庸碌者流，避祸则贤者不免。夫遇祸而在所当避，避之可也。如不当避而避之，则畏葸（xǐ，害怕、畏惧的意思）退缩，是无勇矣。”这两者，一个是不应该做的非要去做，一个是应该做的却不去做。孔子将两者并举，是要人们不为歪门邪道所迷惑，要行走在正道上，堂堂正正做人。

三

八佾篇

是可忍，孰不可忍

是可忍，孰不可忍 现在一般指如果这个都可以容忍，还有什么不可以容忍的呢？意思是绝不能容忍。

原文：

孔子谓季氏，“八佾舞于庭，是可忍也，孰不可忍也？”

注释：

谓：即是“对……说”的意思。

季氏：氏，我国上古时期，姓和氏是有区别的。姓是一种族号，是不能变的。氏是姓的分支，可以自立。《五经异义》：“所以别子孙之所出，凡氏或以官，或以邑，或以王父字。”王父字，即祖父的字或谥号为氏。战国以后，一般以氏为姓，姓氏合一，到了汉代通称为姓。鲁季孙得氏，自文子始，因文子为季友的孙子。说季氏而不说名字，是内大夫且尊者宜讳。据《左传·昭公二十五年》的记载和《汉书·刘向传》，此季氏可能是指季平子，即季孙意如。

八佾：读 yì，古代乐舞的行列，八人为一行，叫做一佾。八佾是六十四人，只有天子才能用。诸侯六佾，卿大夫四佾，士二佾。

舞：这里是动词。旧说舞有文武之分，文舞用羽籥（yuè）谓之羽舞，亦名籥舞；武舞用干戚，谓之干舞，又名万舞。宗庙之祭，乐成告备，然后兴舞。周以武功得天下，故武先于文。《春秋》宣公八年：“有事于太庙……万人去籥。”

是可忍：是，指代词，这里指“八佾舞于庭”这件事。“忍”有两解：一是忍即狠心。贾谊《新书·道术篇》：“恻隐怜人谓之慈，反慈为忍。”二是“容忍”、“忍耐”。笔者赞成第一解，因为孔子是在评论季氏，整个句子的主语都是季氏。就季氏以大夫身份僭（jiàn，超越本分）礼在家庙中用天子才能用的“八佾舞”，这在孔子眼里是大事，这样的事都能做出来，还有什么事做不出来呢？如果按第二说，“八佾舞于庭”的主语是季氏，“是可忍也，孰不可忍也！”的主语是孔子，这与首句“子谓季氏”是不相符的。

孰：疑问代词，什么，谁。

今译：

孔子谈到季氏，说：“他用天子才能用的六十四人之舞在自己庭院中奏乐舞蹈，这样的事情都可以狠心做出来，还有什么事不能狠心做出来？”

疏解：

古时候祭祀和战争是国家的大事。祭祀有一定的等级和规矩。佾是祭祀时乐舞行列。乐舞各有定数，古代乐舞的行列，八人为一行，叫做一佾。八佾是六十四人，只有天子才能用。诸侯六佾，卿大夫四佾，士二佾，不可僭越。当时周成王以周公有大功勋，特赐天子礼乐以祭周公。其后鲁国群公都沿袭僭用，已是失礼。季氏以大夫而僭用天子礼乐，名不正，言不顺，严重地破坏了既有的社会秩序。有一年，鲁君将要举行大祭，可是舞者都到季氏的私庙，而公庙中的舞者仅有两人。[1] 一国之君不如一大夫，国祭不如家祭。礼莫大于分，分莫大于名。孔子十分重视名分礼节和社会秩序，所以他对季氏的作为极为不满。同时也表达了他对礼坏乐崩，天下无道，社会秩序混乱的担忧。

在这一章中，孔子评说季氏连“八佾舞于庭”这样的僭越之事都能狠心做出来，还有什么事不能狠心做呢。公元前517年季孙意如把鲁昭公逐出国境，致使一国之君客死他乡。印证了孔子所说的“孰不可忍”。

从后汉荀爽对策后，凡声讨罪行都用此语。忍的意义即演化为“容忍”、“忍耐”。“是可忍孰不可忍”衍生为“如果这个都可以容忍，还有什么不可容忍的呢？”意思是绝不能容忍。

了如指掌

了如指掌　了：明白。指掌：指着手掌。形容对事物的情况非常清楚，就像指着自己的手掌给别人看一样。也作“了若指掌”。

原文：

或问禘之说。子曰：“不知也。知其说者之于天下也，其如示诸斯

[1] 《左传·昭公二十五年》：“将禘于襄公，万者二人，其众万于季氏。”

乎!”指其掌。

注释：

禘：读 dì。是古代只有天子才能举行的一种祭祖仪式，是一种极为隆重的大祭之礼。

示：假借字，同“置”，摆放的意义。

诸：相当于“之于”。“之”是代词，相当于现代汉语的“它”“他”“于”，方词。“示诸斯乎”，可译为“把它放置在这里”。

今译：

有人向孔子请教关于禘祭的说法。孔子说：“不知道。知道的人对于治理天下，就像把东西放置在这里一样容易罢!”一边说，一边指着自己的手掌。

疏解：

禘是古代只有天子才能举行的一种祭祖仪式，是一种极为隆重的大祭之礼。《礼记》：“礼，不王不禘。”“禘”最初只是周王祭祖的专享礼遇。按周朝宗法制度，周公被分封于鲁。因周公留在王朝辅佐成王，周公长子伯禽就封，建鲁国，为鲁国第一代国君。因周公佐周有大功勋，周成王特许伯禽在鲁国设立太庙，以祀远祖，周公死后，并祀之。春秋以降，“礼崩乐坏”，鲁人在举行禘礼时，已经不再限定于祭祀周公了，他们从列祖列宗中选取几位有功德的先君作为陪祀，即在太庙之外“立四庙”，让历代先祖同享禘礼。到了孔子时期，“天下无道”，礼制秩序大坏，诸侯僭（jiàn，超越本分，古代指地位在下的冒用在上的名誉或礼仪）越天子之礼，大夫僭越诸侯之礼及“陪臣执国命”等现象比比皆是。这与孔子的政治理想是背道而驰的。

“或问禘之说”，是有人问孔子“禘”的礼仪知识和精神实质。孔子先说“不知道”，这如同“陈司败问昭公知礼乎”[1] 一样，并不是真不知，而是为“尊者讳”。后说“知道的人对于治理天下，就像把东西放置在这里一样容易罢!”一边说，一边指着自己的手掌。这一是暗喻鲁国君臣不依礼行事；一是倡导自己的政治理想，即恢复周礼。如果能依周礼行事，天下就完全可以在掌控之中，治理起来也就易如反掌了，表明了孔子以礼治国的政治理念。

---

[1] 详见《论语·述而篇》。

成事不说　既往不咎

成事不说　成事，已经过去的事情。已经做了的事情就不再解说。

既往不咎　咎，读 jiù。怪罪，归罪。已经过去的事情，不再归罪了。现在常指一个人犯了错，只要改过迁善，过去的就过去了，不要再追究了。

原文：

哀公问社于宰我。宰我对曰："夏后氏以松，殷人以柏，周人以栗，曰，使民战栗。"子闻之，曰："成事不说，遂事不谏，既往不咎。"

注释：

哀公：春秋时期鲁国国君，姓姬，名蒋，定公之子，继定公而即位，在位二十七年（前494—前468）。"哀"是谥号，取"恭仁短折"之义，故史称鲁哀公。

社：土地神叫社，在文中指社主。古代祭祀土神，要为其立一个木制的牌位，这牌位叫主，便是神灵之所凭依。

宰我：孔子学生。姓宰，名予，字子我，鲁国人，小孔子 29 岁。孔门十哲之一，宰我口齿伶俐，能言善辩，孔子将其归为"语言"特优生。

夏后氏、殷人、周人：即夏、商、周三代。《白虎通义》："夏得禅授，是君与之，故称后也。殷、周从人民之心而伐取之，是由人得之，故曰人也。"

战栗：栗，读 lì，发抖，因害怕或寒冷肢体颤动。战栗，恐惧的样子。

遂事不谏：遂，行。谏，规劝君主或尊长使改正错误。事已行不再劝。

今译：

鲁哀公向宰我问作社主用什么木。宰我回答说："夏代用松木，殷商用柏木，周朝用栗木，意思是使老百姓恐惧。"孔子听到这话，说："已经成了的事不用再说了，已经做了的事不用再劝阻了，已经过去了的事不要再怪罪了。"

疏解：

古代凡建邦立国，必立社。夏都安邑，用松；殷都亳（bó），用柏；周都丰镐（hào），用栗，是用其所在都城适合种植的树木。鲁哀公向宰我询问社主用木的事，宰我告诉夏朝用松，商朝用柏，周代用栗。宰我不本其土宜之意，因周用栗，便说

“使民战栗”。

鲁哀公与宰我的对话，今天我们只能从流传下来的字面意思解读。鲁哀公真不懂社主之事？作为孔门语言科的优等生宰我真会画蛇添足说句“使民战栗”？孔子的“成事不说，遂事不谏，既往不咎”具体指的是什么？因缺乏具体的语境，给我们理解整章的主旨造成了很大困难。从史书记载来看，哀公当政时期，正是公室与三桓的矛盾非常激烈的时候。哀公问社，就有可能是问如何对付三桓，确保社稷不易人，宰我的回答是让哀公以武力解决。而孔子的评论是在告诉宰我，三家主政已经成为事实，过去的冲突都已经过去了，现在采取对立的、武力的方式，已经毫无益处了。

孔子历来主张谨言慎行，《易·系辞传》言：“君子居其室，出其言，善则千里之外应之，况其迩者乎？居其室，出其言，不善则千里之外违之，况其迩者乎？言出乎身，加乎民；行发乎迩，见乎远。言行，君子之枢机。枢机之发，荣辱之主也。言行，君子所以动天地也，可不慎乎?”先王立社，原是祭地报功，所用之木，因地制宜，没有取义的意思。宰我的“使民战栗”，既不是立社的本意，又有诱导鲁哀公用严猛之心，可以说是失言了。孔子虽说“不说”、“不谏”、“不咎”，其实正是对宰我的深责，立言不可妄发。

尽善尽美

尽善尽美 尽，达到顶点。形容事物完美到没有一点儿缺点。

原文：

子谓《韶》，“尽美矣，又尽善也”。谓《武》，“尽美矣，未尽善也”。

注释：

韶：舜代的乐曲名，歌咏舜的德治教化。

武：周武王时乐曲名，歌咏周武王安定天下。

美、善：美，不仅指音乐的声调、乐舞的阵容形式，也指内容，包括文辞的美。善，指乐舞中所蕴含的意义。

今译：

孔子评价韶乐说："美极了，而且好极了。"评价武乐说："美极了，却还不够好。"

疏解：

从美善关系评论音乐，孔子是第一人。从《左传·襄公二十九年》所记季札观乐来看，"美"不仅指音乐的声调，乐舞的阵容形式，也指内容，包括文辞的美。"善"指乐舞中所蕴含的意义。一般认为舜的天子之位是由尧"禅让"而来，故孔子认为"尽善"。周武王的天子之位是由讨伐商纣而来，尽管顺民意，依孔子看却"未尽善"。

这里孔子首次将美与善区别开来。他认为美不同于善，美是审美理想，是艺术判断。善是道德理想，是行为价值判断。从美的观点看是圆满的东西，从善的观点看却可能是不圆满的，"尽美"并不等于"尽善"。孔子认为，美同善相比，善是根本的。美虽然能给人以感官的愉快，但美必须符合"仁"的要求，即具有善的内涵，才有社会的意义和价值。因此他主张既要"尽美"，也要"尽善"，美与善要实现圆满的统一。孔子这一思想对后世的文学艺术等问题的评价产生了深远的影响。客观上，"尽善尽美"只是相对的理想中的状态。

四

里仁篇

一以贯之

一以贯之　以一贯之的倒装句。用一个原则贯通各种事理。

原文：

子曰："参乎！吾道一以贯之。"曾子曰："唯。"

子出，门人问曰："何谓也？"曾子曰："夫子之道，忠恕而已矣。"

注释：

贯：《说文》："贯，钱贝之贯。"是形声兼会意字，"贯"的本义是穿钱所用的绳索，由穿钱又引申为广义的"穿连"一切东西。这里正是贯穿，统贯之义。一说，"贯，行也"。一以贯之，即一以行之。

忠恕：这是儒家思想里的两个核心概念。《说文》："忠，敬也，尽心曰忠。"尽己之心以待人做事叫"忠"。贾谊《新书·道术篇》："以己量人之谓恕。"即推己之心以及人叫"恕"。

今译：

孔子说："参呀！我的学说贯穿着一个基本观念。"曾参说："是。"

孔子出去后，别的弟子便问曾参："（先生）说的是什么意思？"曾参说："他老人家的学说，只是忠和恕罢了。"

疏解：

孔子之道，包括行事作风、人生理想、思想学说等。"一以贯之"在《论语》中出现两次，另一次是与弟子子贡说的。孔子说："赐啊，你以为我是学的多又能够记得住的吗？"子贡答道："对呀，难道不是吗？"孔子说："不是的，我有一个基本观念来贯串它。"[1]

---

[1]《论语·卫灵公篇》："子曰：'赐也，女以予为多学而识之者与？'对曰：'然，非与？'曰：'非也，予一以贯之。'"

孔子的“一以贯之”，我们可从以下两个方面理解：一是孔子的思想学说始终贯穿着一个基本的观点，其核心是“仁”。孔子用这一核心概念来使现实人生有一个目标、方向，最后达成天命。二是孔子的言行始终贯穿着一个准则，即“忠”“恕”之道。“忠”在《论语》中共出现17次，可见其在孔门学说中的重要性。《礼记·中庸》引孔子的话说“忠恕违道不远”。孔子的学说是教人修己广业，实践性极强的。“忠”即是内心始终拥有一颗对人对事的真诚之心，尽心竭力做好自己分内的事和别人托付的事；“恕”即是内心始终拥有一颗仁爱之心，并以自己的仁爱之心，去推度别人，即换位思考，“己所不欲，勿施于人”。[1] 从而正确处理好人际关系。“忠”“恕”之道，就是自古圣贤至德要道，能行忠恕，便是仁圣。

君子喻于义，小人喻于利

君子喻于义，小人喻于利 喻，知道，明白，懂得。义，合理的事，应该做的事。君子知晓的是道义，小人知晓的是利益。

原文：

子曰：“君子喻于义，小人喻于利。”

注释：

君子 小人：清末·俞樾《群经平议》：“古书言君子小人大都以位而言，汉世师说如此。后儒专以人品言君子小人，非古义矣。”以地位言，君子即指卿士大夫，小人即指庶人、平民百姓。

义：是孔子学说中一个重要的道德标准。合理的事，应该做的事。

今译：

孔子说：“君子知晓的是义，小人知晓的是利。”

疏解：

孔子首先提出义与利的分别，并把追求义或利作为划分君子和小人的标准。《汉书·杨恽传》“报孙会宗书”引董仲舒的话说：“明明求仁义，常恐不能化民者，卿大夫之意也。明明求财利，常恐困乏者，庶人之事也。”作为领导者的“君子”，应以义为原则，以天下为己任，修己广业。孔子并不否定利，反对的只是“放于利

[1] 详见《论语·卫灵公篇》。

而行”的私心之利，讲的是天下之利，人民之利。诚如《易·系辞传下》所言：“天地之大德，曰生。圣人之大宝，曰位。何以守位？曰仁。何以聚人？曰财。理财正辞，禁民为非，曰义。”

“富与贵，是人之所欲也；不以其道得之，不处也。贫与贱，是人之所恶也；不以其道去之，不去也。”[1] 要求有道君子“见得思义”，以义取利。如果利不符合道义的要求，就应不顾个人利害、得失，甚至不惜牺牲个人之生命，舍利而取义。儒家思想中，义占据着举足轻重的地位，对利的追求与获取，不仅要受义的制约，必要的时候，因义而要放弃利，这就是儒家重义轻利的价值取向。

见贤思齐

见贤思齐 贤，有德行有才能的人。意指见到德才兼备的人就想赶上他。

原文：

子曰：“见贤思齐焉，见不贤而内自省也。”

注释：

省：读 xǐng。察看，检查，引申为“反省”。

今译：

孔子说：“看到有德行有才能的人，便应该想向他看齐；看到无德或无才能的人，便应该自我反省（有没有同他类似的毛病）。”

疏解：

“见贤思齐，见不贤而内自省”，语简义长，是修身进德的不二法门。与孔子“三人行，必有我师焉：择其善者而从之，其不善者而改之。”[2] 精神相一致。《尚书·咸有一德》说：“德无常师，主善为师。”一心向学，处处留意，皆有可学之人事。这不仅仅是见当时之人事如此，我们对古今中外的贤者都应向他学习、看齐，不贤的则应自省自警。清代黄式三：“贤不贤兼古今说。儒者读书稽古，阅历时事，

---

[1] 详见《论语·里仁篇》。

[2] 详见《论语·述而篇》

见圣贤之德业而思副其愿，见小人之行事而返己求过皆是也。见者，和之明也。”[1]

清代焦袁熹《此木轩四书说》：“见贤思齐，见不贤内自省，见其过而内自讼，见善如不及，见不善如探汤，数见字皆是人所易见者，难处全在下截。徒责其知之不真，而不责其志之不笃、行之不勇，非圣人当下立言之意。”“知之真”是正确认识什么是“贤”，什么是“不贤”，这体现了一个人的价值观和世界观。不能瓦玉集糅，清浊同流，是非不分，黑白颠倒。“思齐”“内省”首要的是“笃其志”，立志做一个有理想、有道德、有文化、有纪律，为社会做贡献的人；更重要的是持之以恒的“行之勇”。知行合一，这样才能修己广业，提高自身的道德情操和业务能力。

讷言敏行

讷言敏行　讷，读 nè，语言迟钝，不善于对话。敏，迅速，敏捷。指说话谨慎，做事敏捷。

原文：

子曰：“君子欲讷于言而敏于行。”

今译：

孔子说：“君子言语要谨慎迟钝，工作要勤勉敏捷。”

疏解：

孔子倡导君子要语言谨慎，做事敏捷。说话，不仅是对不该说的话不说，对该说的也应谨慎。做事却一定迅速，不仅是勇于做所能做的事，也应努力做好艰难之事。如果语言能顾及行为，行为能顾及语言，尽职尽责，勤奋努力，用孔子的话说就是君子了。

古人言：“行谨则能坚其志，言谨则能崇其德。”[2] 谨慎是成大事之人不可缺少的素质，《管子》中说：“其所谨者小，则其所立亦小；其所谨者大，则其所立亦大。”诸葛一生唯谨慎，曾国藩以其为人生楷模，谨言慎行，慎始慎终，才使他能

[1] 详见清·黄式三《黄氏后案》。

[2] 参见宋·胡宏《胡子知言·文王》。

够从容度过各种危机，成为一代圣贤。

语言谨慎，这首先是从诚信角度考校的。孔子认为，古时候的人不轻易说话，就是怕自己的行动赶不上。[1] 其弟子司马牛问怎样做一个仁者，孔子告诉他，仁者说话缓慢谨慎。做起来不容易，说话不应该缓慢谨慎吗?[2] 其次，还有一个失言的问题。《易·系辞传》言："乱之所生也，则言语以为阶。君不密则失臣，臣不密则失身，几事不密则害成，是以君子慎密而不出也。""言行，君子之枢机。枢机之发，荣辱之主也。言行，君子之所以动天地也，可不慎乎?"读《论语》，知"谨言"是孔子一贯的思想和作风。

[1] 《论语·里仁篇》："子曰：'古之言之不出，耻躬之不逮也。'"

[2] 详见《论语·颜渊篇》。

五

公冶长篇

闻一知十

闻一知十 听到一点就理解很多，形容善于类推。

原文：

子谓子贡曰：“女与回也孰愈？”对曰：“赐也何敢望回？回也闻一以知十，赐也闻一以知二。”子曰：“弗如也，吾与女，弗如也。”

注释：

女：读 rǔ。古同汝，第二人称代词，你。

回：孔子学生，姓颜，名回，字子渊，鲁国人，比孔子小 40 岁。孔门十哲之首，孔子把颜渊列在“德行”科第一。

孰愈：孰，谁，哪个；愈，较好，胜过。

弗如：不如。

与：动词，同意，赞同。这里不应看作连词。

今译：

孔子对子贡说：“你和颜回，哪一个更强些？”子贡答道：“我么，怎敢与颜回比？颜回听到一件事，可以推演知道十件事；我呢，听到一件事，只能推知两件事。”孔子说：“不如他，我同意你说的，不如他。”

疏解：

知人难，自知更难，故常言道“人贵有自知之明”。子贡爱讥评他人，孔子曾批评他，你做好了吗？我却没有这闲工夫。[1] 这里孔子是想看子贡如何看待自己。凡自己与他人相比较时，难于自知，更难于了解自己的不足。子贡既自知，又深知自己的不足。后子贡因此“弗如”一念，遂成为孔子高足，名列孔门十哲之一。

---

[1] 《论语·宪问篇》：“子贡方（方，讥评的意思）人。子曰：‘赐也贤乎哉？夫我则不暇。’”

闻一知十，朱熹《论语集注》：“一，数之始。十，数之终。二者，一之对也。颜子明睿所照，即始而见终。子贡推测而知，因此识彼。”朱熹门人辅广以为：“闻一知十，不是闻一件限定知十件，只是知得周遍，始终无遗。闻一知二，亦不是闻一件知得二件，只是知得通达，无所执泥。知得周遍，始终无遗，故无所不说。知得通达，无所执泥，故告往知来也。”“闻一知十”是对一个道理领悟透彻，触类旁通，无所遗漏。我们在认识事物的时候，要从事物的本质上认识把握，掌握事物的规律，不但知其然，更要知其所以然。这样才能举一反三，触类旁通。

朽木不可雕

朽木不可雕 腐烂的木头无法雕刻。比喻人不可造就或事物和局势败坏而不可救药。亦作“朽木难雕”、“朽木不雕”。

原文：

宰予昼寝。子曰：“朽木不可雕也，粪土之墙不可杇也；于予与何诛？”

子曰：“始吾于人也，听其言而信其行；今吾于人也，听其言而观其行。于予与改是。”

注释：

昼寝：昼，日出后为昼，即白天。寝，卧息。昼寝，即白天睡觉。

杇：读 wū。泥工抹墙的工具叫杇，把墙壁抹平也叫杇。

何诛：诛，责备。何诛即诛何，责备什么呢？

今译：

宰予白天睡觉。孔子说：“腐烂了的木头不能雕刻，粪土似的墙壁不能抹平。对于宰予责备什么呢？”

孔子又说：“最初我对别人，听到他的说法，就相信他的行为；现在我对别人，听到他的说法，还要观察他的行为。是宰予改变了我的态度。”

疏解：

宰予（前522—前458），字子我，亦称宰我，春秋末鲁国人。孔子著名弟子，

"孔门十哲"之一。被孔子许为"言语"科的高才生，其排名在子贡前面。宰予思想活跃，好学深思，善于提问，是孔门弟子中唯一一个曾正面对孔子学说提出异议的人。他指出孔子的"三年之丧"的制度不可取，认为父母去世，守孝三年，为期也太久了。君子三年不学礼仪，礼仪会废弃；三年不奏音乐，音乐会失传。陈谷既已吃完，新谷又生产了；打火用的燧木又经过一个轮回，因此认为可改为"一年之丧"。这被孔子批评为"不仁"。[1] 他还向孔子提出了一个两难的问题，他假设这么一种情况：如果告诉一个仁者，有人掉进井里了，他应该跳下去救还是不应该跳下去救？因为如跳下去则也是死，如不跳下去就是见死不救。孔子的直接答复是指出宰予这是在愚弄人，提的问题不好，说：你为什么要这样做呢？君子可以叫他远远地走开不再回来，却不可以陷害他；可以欺骗他，却不可以愚弄他。[2]

"宰予昼寝"一事，引发了孔子的责备和反思。通过这件事，给我们的启示是：一个人要成就一番事业，首要的是自强不息。内因是变化的根据，外因是变化的条件。一根木头，要让它成器有用，它的质地一定要坚硬，木工才能雕琢。如果是腐朽之木，虽加雕琢，必然坏烂。工匠要粉刷墙壁，墙壁的质地要坚固，工匠才能粉刷。如果墙壁如粪土疏松腐败，工匠虽然涂饰，也必然剥落。如人之学习，必自加勤勉，然后可教。

同时要惜时。春秋时期，普通人都是日出而作，日落而息，因此更加珍惜白天的时光。一寸光阴一寸金，寸金难买寸光阴。人生也有涯，而知无涯。在有限的生命里，要获得较多的知识，取得较大的成就，就要珍惜时光，勤奋努力。

"宰予昼寝"，孔子也作了反思。宰予被列为孔门十哲，作为语言科的特优学生，一定能言善道，想必宰予一度得到孔子的信任。通过这件事情，孔子得出了"今吾于人也，听其言而观其行"的认知。

---

[1] 《论语·阳货》："三年之丧，期已久矣。君子三年不为礼，礼必坏；三年不为乐，乐必崩；旧谷既没，新谷既升，钻燧改火（古代用的是钻木取火的方法，被钻的木，四季不同，所谓'春取榆柳之火，夏取枣杏之火，季夏取桑柘之火，秋取柞楢（zuòyóu）之火，冬取槐檀之火'，一年一轮回），期（读jī，一年）可以已矣。"

[2] 《论语·雍也》："宰我问曰：'仁者，虽告之曰："井有仁焉。"其从之也？'子曰：'何为其然也？君子可逝也，不可陷也；可欺也，不可罔也。'"

不耻下问

不耻下问 比喻谦虚好学，不介意向不及自己的人请教。

原文：

子贡问曰："孔文子何以谓之'文'也?"子曰："敏而好学，不耻下问，是以谓之'文'也。"

注释：

孔文子：春秋时期卫国大夫。姬姓，孔（仲叔）氏，名圉（yǔ），谥号为"文"，故称孔文子或仲叔圉。

何以：以何，可译为"凭什么"。

谓：谓，叫作，称为。

耻：耻辱，这里是形容词意动用法，以……为耻。

问：请教。

今译：

子贡问孔子："孔文子凭什么得到'文'的谥号?"孔子说："他聪明又爱好学习，常请教地位比他低的人而不认为是耻辱，所以用'文'来做他的谥号。"

疏解：

孔文子是卫国大夫，名圉，"文"是谥号，"子"是尊称。根据史料，孔圉应死于鲁哀公十五年（前480）或稍早（孔子卒于鲁哀公十六年夏四月）。谥号是中国古代帝王或后妃、诸侯、臣僚等具有一定地位的人死后，朝廷根据其生前事迹与品德，而给予他一个中肯的称号，即人们常说的盖棺论定。"勤学好问为文"，"文"是美谥。

卫灵公执政时期，孔文子和祝鮀、王孙贾三人都是执事有方的朝廷重臣。所以孔子说卫侯虽无道，但所任者各当其才，卫国才"不丧"。[1] 孔文子为时人所诟病

[1] 《论语·宪问篇》："子言卫灵公之无道也。康子曰：'夫如是，奚而不丧?'孔子曰：'仲叔圉治宾客，祝鮀治宗庙，王孙贾治军旅。夫如是，奚其丧?'"

的是“于伦纪之间，帷薄不修”。据史料记载，孔文子逼迫公室成员太叔疾休了原配，娶自己的女儿孔姞。后又把女儿强行要了回来嫁给太叔疾的弟弟太叔遗，并曾想兴师攻打太叔疾。虽然其中有多种原因，但随意将女儿嫁来嫁去，是不符合礼的一种行为；作为公室重臣而攻打公族成员是以下乱上。[1] 故子贡对孔文子死后被授予“文”这一谥号大为不解，有此一问。孔子的回答或许就是子夏所说的人的重大节操不能突破底线，作风上的小节稍稍放松一点是可以的。[2] 孔子的隐恶扬善也成为中国传统文化盖棺定论时为死者讳的滥觞。

大凡资质敏捷的人，便自恃聪明而多不好学；地位尊显的人，便自视过高而多耻于向地位低的请教。一个人聪明而又好学，社会地位显赫而虚心向社会地位低、年长而资历深的向年龄小而资历浅的人请教，不以为耻，实在难能可贵。其实知识并不一定与社会地位对等；也不一定与资历和年龄对等。闻道有先后，术业有专攻，故圣人无常师。人们除了向书本学习、在社会实践中学习外，还应向一切有利于提高自己道德修养、知识技能的人学习请教，才能日有所进，所学益精。

三思而行

三思而行　经过多次反复思考，然后去做。指做事慎重。

原文：

季文子三思而后行。子闻之，曰：“再，斯可也。”

注释：

季文子：春秋时期鲁国世袭上卿。姬姓，季氏（季孙氏），名行父，谥号为文，故称季文子或季孙行父。

三思：三，不是确指三次。“三”在古代经常代表多数。三思，言思之多，能审慎从事。

再：《说文》：“再，一举而二也。”即第二次。“再”一般只充当状语修饰谓语动词，有时也直接充当谓语。这里是“再思”之意。

斯：连词，那么，就。

---

[1] 详见《左传·哀公十一年》。

[2] 《论语·子张篇》：“子夏曰：‘大德不逾闲，小德出入可也。’”

今译：

季文子每件事情考虑多次才行动。孔子听到后，说："想两次就可以了。"

疏解：

春秋时期，鲁国的季氏、孟氏、叔孙氏三家都是鲁桓公之后，故称"三桓"。其中季氏世秉国政，强于两家。季文子是季氏的第三代宗主，他前后辅佐鲁国宣、成、襄三代君主，辅政五十余年。他辅政期间，实行"初税亩"[1]"作丘甲"[2]等制度，国家的财政收入大幅增加，国力也有所增强。

季文子在数十年的为政实践中，积累了丰富的处世经验，他做事深谋远虑，缜密细致。孔子生于襄公二十二年，文子死在襄公五年。孔子说这句话的时候，文子已经去世十七年了。在这里，孔子为什么说"再，斯可也"呢？因缺乏语境资料，不敢妄猜。从常理讲，作为公职人员，做事不可不思，也不可过思。不要计较个人得失，"唯义是从"；不要犹豫不决，错失良机。

思，既要思其是非，也要权衡利弊。思考问题就是对事物的本质认识和把握。

愚不可及

愚不可及 愚不可及，现在作为贬义词，其意思是傻得没有人可以赶得上。

原文：

子曰："宁武子，邦有道，则知；邦无道，则愚。其知可及也，其愚不可及也。"

注释：

宁武子：姬姓，宁氏，名俞，谥号为"武"，故称宁武子，春秋时期卫国世袭大夫，公族成员，其从政时间大致在卫文公、卫成公时期。

---

[1] 初税亩：初，即开始，税亩，即按亩征税。鲁宣公十五年（前594）鲁国推行"初税亩"制度，不论公田私田，一律履亩而税，税额为每亩田收成的十分之一，这就彻底废除了建立在井田制基础上的税赋制度，变相承认了土地私有的合法性。

[2] 作丘甲，作，是实行的意思；丘，是兵制编制单位；甲，通指甲兵和装备。鲁成公元年（前590），在季文子的主持下，鲁国开始军赋方面的改革，实行"丘甲"制度后，军赋改为以"丘"为单位征收，其他应尽义务不变，军赋无形中增加了四倍。

邦有道：邦，国家。有道，这里指政治清明，国泰民安。

知：读 zhì，通“智”。聪明，智慧。

愚：这里的“愚”有各种解释，朱熹的解释接近孔子的原意。这是一种常人不能理解的忠君爱国、无所畏惧的精神。

今译：

孔子说：“宁武子这人，国家太平时，显得是一智者；国家危难时，就像一个愚人。他的聪明智慧，别人赶得上；他表现出的忠君爱国、无所畏惧的精神，别人可就赶不上了。”

疏解：

据《左传》记载，宁武子作为春秋时期卫国世袭大夫，在卫文公执政时期，他积极入世辅政，辅佐卫文公完成了重建卫国大业，充分发挥其智慧与才干。如孔子所赞的君子蘧伯玉那样“邦有道，则仕”。[1] 卫文公去世后，太子郑继位，是为卫成公。卫成公骄奢淫逸，昏庸无道，致使刚刚摆脱危难的卫国再度陷入混乱。卫成公也先后流亡于楚，囚禁于周。这时大多数“君子”确如孔子说的“邦无道，则可卷而怀之”。趋利避害，人之常情。宁武子却一直忠于职事，尽心竭力，不避难险，帮助卫成公重新执掌国政，其一生没有“装傻”逃避之事。朱熹认为“武子仕卫，当文公、成公之时。文公有道，而武子无事可见，此其知之可及也。成公无道，至于失国，而武子周旋其间，尽心竭力，不避难险；凡其所处，皆知巧之士所深避而不肯为者，而能卒保其身以济其君，此其愚之不可及也。”[2]

时艰思良将，国难显忠臣。大凡忠君爱国之士，为民族的利益，国家的强盛，不顾身家性命，百折不挠，一往无前。其精神品质惊天地，泣鬼神，是常人不可及的。孔子在这里是赞美宁武子高尚的精神品格和高超的政治智慧。

---

[1] 《论语·卫灵公篇》：“子曰：‘直哉史鱼！邦有道，如矢；邦无道，如矢。君子哉蘧伯玉！邦有道，则仕；邦无道，则可卷而怀之。’”

[2] 详见宋·朱熹《论语集注》。

斐然成章

斐然成章 形容文章富有文采。

原文：

子在陈，曰："归与！归与！吾党之小子狂简，斐然成章，不知所以裁之。"

注释：

陈：国名。周武王灭商后，寻访到舜的后代叫做妫（guī）满的，封于陈地。春秋时拥有现在河南开封以东，安徽亳（bó）州以北一带地方。定都于宛丘，即今天的河南淮阳县。春秋末被楚所灭。

党：古代的一种居民组织，五百家为一党。《周礼·地官·大司徒》："五族为党。"（族：一百家）引申为乡里。

小子：指在鲁国的孔子门人弟子。

狂简：志向高远而处事粗略。朱熹《论语集注》："狂简，志大而略于事也。"

斐然：斐，读 fěi。有文采。然，形容词词尾，表示"……的样子"。斐然，有文采的样子。章，有条理的花纹。

裁：《尔雅·释言》："裁，节也。""不知所以裁之"一句的主语，或说是"吾党之小子"，或说是孔子。笔者从前，这样才与孔子"归与！归与！"照应，即孔子要回家乡的原因。

今译：

孔子在陈国，说："回去吧！回去吧！我家乡的门人弟子志向远大而处事粗略，文采斐然，只是不知道裁度事理的原则。"

疏解：

孔子周游列国前后共十四年（鲁定公十三年至鲁哀公十一年），所走的路线大概就是鲁国、曹国、宋国、卫国、陈国及匡，即现在的山东、河南一直到山西一带。十四年中，孔子在陈国前后淹留两次：第一次到陈国时间在鲁定公十五年（前

495)，在陈一年多时间。第二次到陈国在哀公二年（前493），孔子这次在陈国约三年。[1] 孔子在陈国，虽也得到一份俸禄，但未被重用，只能做一些答疑解惑的事。其间，他曾南下楚、蔡等国寻求发展机会，经历了许多人和事。由于战争连年，兵荒马乱，故而一直没有找到合适的君主，施展其才华。此时的孔子已经是六十三岁的老人了。[2] 这段时间孔门弟子已有人返回鲁国，并且受到重用。但是孔子对他们的表现并不满意，认为他们志向高远，为政热情，干劲十足，也取得一定成绩，但是缺乏政治经验，许多施政措施不是过头就是不及，“不得中行而与之”。[3] 因此要回国向他们传授为政经验。

孔子思回鲁国指导弟子，显示了圣人得志，则行道于天下；不得志，则传道于万世。同时给我们的启示是：一个人，光有远大的理想和书本知识还不够，还要在实践中磨炼并不断总结提高，才能办成事、办好事。

不念旧恶

不念旧恶　念，这里指惦记。旧恶，即宿怨。不计较过去的怨仇。

原文：

子曰：“伯夷、叔齐不念旧恶，怨是用希。”

注释：

伯夷、叔齐：商朝末年孤竹国的两个王子，姓墨。伯夷，名允，字公信，谥号为夷，史称伯夷。叔齐，名智，字公达，谥号为齐，史称叔齐。古代以伯、仲、叔、季表示兄弟间的排行顺序，伯为老大，仲为老二，叔为老三，季排最小。孟和伯的意思是一样的，只是妾媵生的长子称“孟”，正妻生的长子称“伯”。古人字前常加排行次序，如“仲尼”、“季路”等。

怨是用希：怨，有两种解释：一是指别人对伯夷、叔齐的怨恨；一是指伯夷、叔齐自己心里的怨恨。从《论语·述而篇》孔子评价伯夷、叔齐“求仁而得仁，又何怨”来看，应为伯夷、叔齐自己心里面的怨恨。是用，因此。希，稀，少。

---

[1] 清·阎若璩《四书释地续补》。

[2] 参见《史记·孔子世家》《孟子·万章章句上》。

[3] 详见《论语·子路篇》。

今译：

孔子说："伯夷、叔齐不记过去的仇恨，因此他们的怨恨也就很少。"

疏解：

伯夷、叔齐是孤竹君的两个儿子，孤竹君想要叔齐为他的继承人。孤竹君死后，叔齐要让位于伯夷。伯夷以为违反父命，就逃避了，而叔齐也不肯立，也逃避了。后来两人听说西伯昌善养老人，都逃到周文王那里。正值文王去世，武王兴兵伐纣，两人拦住车马劝阻。后来武王克商，周朝统一天下，伯夷、叔齐以吃周朝的粮食为耻辱，逃隐于首阳山，以野菜为食，饿死于首阳山。[1] 孔子对他们的评价很高，认为他们身处乱世，能够做到"不降其志，不辱其身"，堪称"求仁得仁"的"古之贤者"。[2]

不念旧恶，即不对过去别人对自己的伤害耿耿于怀。这一方面有利于自己的身心健康，另一方面有利于为自身营造良好的发展空间。我们可结合孔子说的另一段话来理解。"或曰'以德报怨，何如?'子曰：'何以报德? 以直报怨，以德报德。'"[3] 孔子不赞成以怨报怨，永远以一种恶意、一种怨恨、一种报复去面对别人对自己的伤害。如果大家都以怨报怨，这个社会将会恶性循环，无休无止。我们失去的将不仅仅是自己的和谐，当今的和谐，还有子孙后代的和谐。孔子也不赞成以德报怨。他说你用恩德和慈悲去面对有负于你的人和事，是不讲是非标准，是一种人生和人格的浪费。孔子讲求人生的效率和人格的尊严，一味姑息忍让，不是完美的处世之道。孔子提倡以上两者以外的第三种态度对待报怨的问题，即"以直报怨"，用公平正直来对待怨恨。

---

[1] 请参阅《史记·伯夷列传》。

[2] 详见《论语·微子篇》《论语·述而篇》。

[3] 详见《论语·宪问篇》。

六

雍也篇

轻裘肥马

轻裘肥马　现指穿着轻暖的皮袄，骑着肥壮的好马，形容生活阔绰。

原文：

子华使于齐，冉子为其母请粟。子曰：“与之釜。”请益。曰：“与之庾。”冉子与之粟五秉。

子曰：“赤之适齐也，乘肥马，衣轻裘。吾闻之也：君子周急不继富。”

注释：

子华：孔子学生。姓公西，名赤，字子华，鲁国人，比孔子小 42 岁。

使：出使。

冉子：孔子学生。姓冉，仲弓氏，名求，字子有，鲁国人，比孔子小 29 岁。冉有为孔门十哲之一，孔子将他归为“政事”特优生，认为他多才多艺，当一个“千室之邑”、“百乘之家”的家宰是绰绰有余的。冉有是孔门弟子中从政最成功的一个，他为季氏宰长达十几年。

粟：读 sù，北方通称“谷子”，去皮后称“小米”。古代泛称谷类。

釜：读 fǔ，古代量器名，也是容量单位。一釜为六斗四升。

庾：读 yǔ，古代量器名，也是容量单位。一庾等于十六斗。

秉：读 bǐng，古代容量单位。一秉为十六斛。（斛，读 hú）。五秉则是八十斛。周秦时的八十斛约合近代的十六石。

乘肥马：肥，壮硕。乘肥马，坐着用壮硕的马驾的车。春秋以前中原地区的人穿着大袖子宽腰身的衣裳，不便于骑马，直到战国时赵武灵王“胡服骑射”，中原各国才逐步开始骑马。

衣：名词活用为动词，穿。

周：赒的古字，救济。

今译：

公西华出使齐国，冉有请求孔子给他的母亲小米。孔子说："给他一釜。"冉有请求增加。孔子说："再给他一庾。"冉有即给了他五秉。

孔子说："公西赤到齐国，坐着高头大马拉的车，穿着轻便暖和的皮袍。我听说，君子只雪中送炭，不锦上添花。"

疏解：

公西赤出使齐国一事，当在孔子任职鲁国大公室期间。公西赤受命出使齐国属于公务，应该领取一份俸禄。这事由掌管财务的冉有负责办理，于是就这一事件发生了这一段对话。今天我们已无从知晓当时的公务报酬制度，但可以肯定的是孔子将公务活动中的上下级关系变成了孔门中的师徒关系，将本是公务活动中的"劳务报酬"，变为道德情感中"君子周急不继富"的教育了。

在现实生活中，我们不管是处理公务，还是日常生活中与人相处，都应该把握一条基本原则，即法、理、情相结合。凡事首先应考虑是否合法合规，再考虑是否合理，第三应考虑是否合情。只有三者有机统一，事情才办得妥切，符合客观事物的规律。在日常生活中，特别是在公务活动中，不能用道德绑架规矩，更不能将道德要求凌驾于法律之上。公西赤出使齐国，理应给予相应的报酬。如果冉有给多了，属于假公济私，孔子作为上级领导，可对冉有提出批评惩戒。而不能因公西赤出使齐国坐着由肥马驾的车，穿着又轻又暖的皮袍而不给他应得的报酬。在我们今天看来，这才是不合法规的，也是不道德的。

在孔门中流传有"子贡赎人"和"子路救人"的故事，说的是鲁国有一道法律：如果鲁国人在别的诸侯国见到同胞遭遇不幸，沦落为奴隶，只要能够把这些人赎回来帮助他们恢复自由，就可以从国家获得补偿和奖励。孔子的学生子贡，把鲁国人从别的诸侯国赎回来，但拒绝了国家的补偿。孔子说，赐，你错了！向国家领取补偿金，不会损伤到你的品行；但不领取补偿金，鲁国就没有人再去赎回自己遇难的同胞了。子路救起一名溺水者，那人感谢他送了一头牛，子路收下了。孔子高兴地说，鲁国人从此一定会勇于救落水者了。[1] 孔子见微知著，洞察人情，实在是了不起。从孔子对"子贡赎人"和"子路救人"两件事情的态度来看，孔子不会如此处理冉有给子华粟五秉的事情的，在这里我们只能就文论文了。

[1] 请参阅《吕氏春秋·察微篇》。

不堪其忧

不堪其忧 不能忍受那样的愁苦。

原文：

子曰："贤哉，回也！一箪食，一瓢饮，在陋巷，人不堪其忧，回也不改其乐。贤哉，回也！"

注释：

箪：读 dān，小筐。古代盛饭及衣服的竹器，圆形。

瓢：读 piáo，就是用葫芦干壳做成的勺。因其轻便，还能漂浮在水面，人们习惯当水瓢用。

陋巷：陋，狭小，简陋。巷，清·王念孙《经义述闻》："古人称巷有二义，里中道谓之巷；人所居亦谓之巷。"陋巷，这里指狭小简陋的屋子。

堪：读 kān，经得起，承受得住。不堪，忍受不了。忧：愁苦。

今译：

孔子说："颜回多么有德行呀！一竹筐饭，一瓜瓢水，住在狭小简陋的屋子里，别人忍受不了那样的愁苦，颜回却不改变他自有的快乐。颜回多么有德行呀！"

疏解：

学习这一章，可结合《论语·述而篇》中的"饭疏食饮水，曲肱而枕之，乐亦在其中矣。不义而富且贵，于我如浮云"一起来读。

为什么"人不堪其忧，回也不改其乐"？孔子能"饭疏食饮水，曲肱而枕之，乐亦在其中矣"？这一问题，自北宋程颐的老师周茂叔提出来后，先生教学生的第一件事就是要寻"孔、颜乐处"，意即要寻找孔子和颜渊快乐的地方在哪里。美国心理学家马斯洛需求层次理论认为，人类需求像阶梯一样从低到高按层次分为五种，即：生理需求、安全需求、社交需求、尊重需求和自我实现需求。生理需求和安全需求是物质层面的，社交需求、尊重需求和自我实现需求是精神层面的。人的快乐是心理期望值满足的心理反应。有些人终其一生都在追求物质层面的东西，而物质的获得要受客观条件的制约，能够不忧不虑吗？有些人在满足基本生存需求的条件下，即追求精神层面需求。精神生活的需求是一个人自我实现的需求，能不快乐吗？

《易》云："乐天知命，故不忧。"一个人的生死并不由他自己决定，这就是所谓的"命"；一个人能否富贵要受客观条件的制约，这就是所谓的"天"。懂得了其中的道理，心存远大的理想和信念，遵循事物发展的规律，视富贵如浮云，何忧何患？

不堪其忧、不改其乐是一种心理感受。人的生命的快乐不是由外在决定的，而是由内在的理想、信仰决定的。孔子颜回之乐给我们的人生有很大的启示。

中道而废

中道而废　废，停止。半路上停止。

原文：

冉求曰："非不说子之道，力不足也。"子曰："力不足者，中道而废。今女画。"

注释：

说：读 yuè，悦的古字。喜欢，高兴。

女，通"汝"，你的意思。

画：停止。刘宝楠《论语正义》："《说文》：'画，界也。象田四界，聿所以画之。'引申之，凡有所界限而不能前进者亦为画，故此注训止。"

今译：

冉求对孔子说："不是我不喜欢您的学说，是我的能力不够。"孔子说："能力不够的人，走到半路会停止。现在你还没有走就要停止。"

疏解：

在《论语·子罕篇》里记载有孔子这么一段话："譬如为山，未成一篑，止，吾止也。譬如平地，虽覆一篑，进，吾往也。"说的是人的主观意愿决定人们的行为，所谓"力不足"者，是曾用力向前，至于半路，想进不能，如负重行远的人，走到中途，气匮力竭，不得已而止。孔子门生曾子说过："士不可以不弘毅，任重而道远。仁以为己任，不亦重乎？死而后已，不亦远乎？"[1] 意思是作为一个读书人，一个君子，以实现仁德于天下为己任，必须要有宽广、坚韧的品质，因为自己

[1] 详见《论语·泰伯篇》。

责任重大，道路遥远。

一个人是否有所成就，内在动因是其关键。如果有远大的理想，有一番事业心，同时又有坚韧不拔的毅力，定能有所成就。反之，安于怠惰，凡事首先想到的是困难，画地为牢，不加勤勉，想办成一件小事也难。确如宋代张栻《论语解》所言："为仁未有力不足者，故仁以为己任者，死而后已焉。"

文质彬彬

文质彬彬 形容一个人的气质温文尔雅，行为举止端正，文雅有礼貌。

原文：

子曰："质胜文则野，文胜质则史。文质彬彬，然后君子。"

注释：

质：质朴，朴实淳厚。

文：文华辞采。

野：野人。春秋时期居住在城里的人叫国人，城外居住的都叫野人。这里指鄙陋。

史：古代在官府掌文书的人。这里指繁于文采。朱熹《论语集注》："史掌文书，多闻习事，而诚或不足也。"

文质彬彬：各种不同事物配合适当的样子。指文采和质朴搭配得宜。文质彬彬，形容人既文雅又朴实，后来多用于指人文雅有礼貌。

君子：《论语》中的君子，有时指有地位的人，如天子、诸侯、卿大夫、士，都可称君子。有时指有道德的人。这里是指有地位的人，还是指有道德的人，已不可考。刘宝楠《论语正义》认为："此文'君子'，专指卿大夫、士。"

今译：

孔子说："朴实多于文采，就未免粗野；文采多于朴实，又未免虚浮。文采和朴实配合适当，这才是个君子。"

疏解：

在这一章，孔子强调了一个人的教养应内外兼修。既有忠信、诚朴，又要进退有度、谈吐文雅。内外一致，相为表里，不可偏废。如果只重视外表的文华辞采，很可能像"墙上芦苇，头重脚轻根底浅；山间竹笋，嘴尖皮厚腹中空"，成为华而不实的人。如果只强调内在的质朴，不重视外在的修养，诚如子贡所说“如果去掉文饰的话，虎豹的皮就像犬羊的皮一样了”。[1]

如何才能达到“文质彬彬”，成为一个既朴实又文雅的君子？孔子告诉我们：“君子广泛地学习文献，再用礼节来加以约束，也就不至于离经叛道了。”[2] 广泛学习科学文化知识，会让人“腹有诗书气自华”；用礼仪来约束自己的言行，会使人进退有度。孔子曾教导他的儿子孔鲤“不学诗，无以言”，“不学礼，无以立。”[3] 诗教人谈吐文雅，礼教人举止优雅。

敬而远之

敬而远之 表示尊敬却有其他原因不愿接近。

原文：

樊迟问知。子曰：“务民之义，敬鬼神而远之，可谓知矣。”问仁。曰：“仁者先难而后获，可谓仁矣。”

注释：

樊迟：孔子学生。名须，字子迟，比孔子小46岁。

知：通“智”。聪明，智慧。

务民之义：务，致力，从事。义，合宜的道德、行为。务民之义，致力于人民合宜的道德行为建设。

敬而远之：敬，尊重。远，疏远，不去接近的意思。之，代词，指鬼神。

难、获：难，指事难。获，指收获。

今译：

樊迟问怎样才算聪明智慧。孔子说：“在人民合宜的道德行为上致力，对鬼神既要敬畏，又要疏远，这可以说是明智了。”樊迟问怎么样才算有仁德。孔子说：“有仁德的人首先要经历坎坷，努力工作，然后收获成果，这可以说是仁德了。”

---

[1] 《论语·颜渊篇》：“棘子成曰：‘君子质而已矣，何以文为？’子贡曰：‘惜乎，夫子之说君子也！驷不及舌。文犹质也，质犹文也。虎豹之鞟（kuò，皮革）犹犬羊之鞟。’”

[2] 《论语·雍也篇》：“子曰：‘君子博学于文，约之以礼，亦可以弗畔（畔同‘叛’）矣夫！’”

[3] 详见《论语·季氏篇》。

疏解：

在孔门弟子中，樊迟属于勤学好问的学生，《论语》中多次记载了“樊迟问”。[1] 就“问知”、“问仁”这一问题，《雍也篇》《颜渊篇》《子路篇》中都有记载。什么是“仁”，什么是“智”，孔子对不同的学生，给出不同的答案。即使是同一学生，不同场合给的答案也不尽相同。这一方面是孔子因材施教，另一方面因场景、语境不同而解答问题的角度不同。

关于“智”的问题，樊迟在另一场合也问到了同样的问题，孔子告诉他的是“善于鉴别人物。”[2] 在这一章里孔子从两个方面做了解答。一是凡事依义而行。这里有两层含义：一是要遵从道义。《礼运》：“何为人义？父慈，子孝，兄良，弟弟，夫义，妇听，长惠，幼顺，君仁，臣忠，十者谓之人义。”一是按照事物的客观规律办事。另外，对于自己不了解的事物，不要轻易肯定或否定，要心存敬畏。子路曾经问服事鬼神的方法。孔子说：“活人还不能服事，怎么能去服事死人？”子路又问死是怎么回事。孔子说：“生的道理还没弄明白，怎么能够懂得死？”[3] 怪力乱神，子所不语，六合之外，存而不论。

就怎么践行仁德，在《颜渊篇》里孔子告诉樊迟的是“爱人”。这里孔子的答案是心无私欲，努力工作，自有收获。在《子路篇》里孔子做了进一步的解答：“平时容貌态度端正庄严，工作严肃认真，为别人忠心诚意。”孔子的讲答尽管不同，其精神是相一致的，即“忠”、“恕”之道，体现了一个“诚”字。一个人只有敏于见事而心不存私，为人处世才能客观公正，遵循事物发展的规律；居心以纯而不被外界干扰，才能正确处理好人际关系。

---

[1] 详见《雍也篇》《颜渊篇》《子路篇》。

[2] 《论语·颜渊篇》：“樊迟问仁。子曰：‘爱人。’问知。子曰：‘知人。’”

[3] 《论语·先进篇》：“季路问事鬼神。子曰：‘未能事人，焉能事鬼？’曰：‘敢问死。曰：‘未知生，焉知死？’”

七

述而篇

述而不作

述而不作　只是阐述前人的理论、学说，自己不创作。

原文：

子曰："述而不作，信而好古，窃比于我老彭。"

注释：

述而不作：述，阐述。作，创作。只是阐述而不创作。

窃：谦辞，私自，私下。可译为"（我）私下里"。

老彭：历来有不同的解释，一说为"殷贤大夫"；一说老是老聃，彭是彭祖。今已不能确指。

今译：

孔子说："只是阐述而不创作，以相信的态度热爱古代文化，我私下里和我那老彭相比。"

疏解：

"述"是对前人已有言行的阐述，"作"是前人没有的言行而自我创新。《中庸》里的一段话，有助于我们对这一章的理解。《中庸》里说："非天子不议礼，不制度，不考文。"议礼、制度、考文是"作"，但必须是天子才能做的事。《中庸》又说："今天下车同轨，书同文，行同伦。虽有其位，苟无其德，不敢作礼乐焉。虽有其德，苟无其位，亦不敢作礼乐焉。"从这里我们可以看到"作"是一种公权行为，只能由身居高位并代表最高权力机关，且品德高尚的人才可做的事情，故有"周公制礼作乐"之说。孔子有德无位，当然没有条件进行他所说的"作"了。但孔子在"述"上作出了伟大而不可磨灭的贡献，他删《诗》《书》，定《礼》《乐》，赞《周易》，修《春秋》，孔子继承尧舜，以文王、武王为典范，上遵循天时，下符合地理，[1] 以垂教万世，虽为“述”之事，实胜“作”之功。

学而不厌　诲人不倦

学而不厌　厌，满足。勤奋学习而不感到满足。

诲人不倦　诲，读 huì。教导，指教。倦，厌倦，不耐烦。教诲学生从不倦怠。

原文：

1. 子曰：“默而识之，学而不厌，诲人不倦，何有于我哉？”

2. 子曰：“若圣与仁，则吾岂敢？抑为之不厌，诲人不倦，则可谓云尔已矣。”公西华曰：“正唯弟子不能学也。”

注释：

识：读 zhì。记住。

厌：厌的古体字是厭，由“犬、甘、肉”合起来表示吃饱，引申为满足。今简化为“厌”。

何有于我哉：“何有”在古代是一常用语，在不同的场合表示不同的意义。这里表示“不难之辞”。这句话意为这些事情对我有什么困难呢？

圣：指人格最高尚、智慧最高超的人。“于事无不通谓之圣。”圣与智古通称。

仁：这里指有仁德的人。

抑：读 yì。连词，表示轻微的转折。

为之：之，这里指代“圣”与“仁”。为，动词。为之，可译为努力学习和实践。

云尔：《广雅·释诂》释“云”为“有”，“云尔”即“有此”。

今译：

1. 孔子说：“（把所见所闻的）默默地记在心里，努力学习而永不满足，教导别人而不厌倦，这些事情对我来说有什么难的呢？”

2. 孔子说：“讲到圣和仁，我怎么敢当？只不过是学习和实践总不满足，教导别人总不厌倦，就是如此罢了。”公西华说：“这正是我们这些学生弟子学不到的。”

---

[1] 《礼记·中庸》：“仲尼祖述尧舜，宪章文武，上律天时，下袭水土。”祖述：效法、遵循前人的行为或学说。宪章：遵从、效法。

疏解：

《孟子·公孙丑上》："子贡问于孔子曰：'夫子圣矣乎？'孔子曰：'圣则吾不能，我学不厌而教不倦也。'子贡曰：'学不厌，智也；教不倦，仁也。'"孔子的一生正是在学而不厌、诲人不倦中度过的。不忘初心，终生行走在智与仁的道路上，践行着自己的人生理想和信念。

学而不厌，指努力学习而永不满足，形容勤奋好学。学习对我们来说尤其具有重要意义：一是历经几千年，人类一代又一代的对社会与自然的探索与实践，形成了丰富的知识，需要我们学习借鉴；二是至今为止我们对世界的探索和认知只是沧海一粟。不管是从人类的角度还是从我们个体角度都不能满足于已有的知识，要树立终生学习的理念，知行合一，活到老学到老。《易》言："天行健，君子以自强不息。"

诲人不倦，教授学生总不厌倦，体现了一个教师的职业操守。其实不管是做什么工作，都应坚守职业道德和操守，具有敬业精神，凡事精益求精，孜孜不倦。在服务社会，成就他人的同时，成就自我。

举一反三

举一反三 从一件事情类推而知道其他许多事情。

原文：

子曰："不愤不启，不悱不发。举一隅不以三隅反，则不复也。"

注释：

愤：憋闷，这里指求知而未得的心理状态。

悱：读 fěi。想说又说不出来的样子。

启，《说文》"启，教也。从攴，启声。"不启不发，是孔子自述其教学方法，受教育者必须先发生认知的困惑，有求知的动机，然后去启发开导他。

隅：读 yú。角落。刘宝楠《论语正义》："一隅三隅，合为四隅，故知一隅则可知三隅。"

今译：

孔子说："不到他想求明白而不得的时候，不去启发他；不到他想说却说不出的时候，不去开导他。教给他一方，他不能联想到另外三方，便不再教他了。"

疏解：

这是孔子自述其教学方法，从教的方面讲，根本是要激发学生的内动力。激发他们对知识的渴望，对未知的探索欲望。所谓知之者不如好之者，好之者不如乐之者。从学生方面讲，对所教所学应举一反三，触类旁通。

其实不管是学习，还是工作，如果对一事物有了认识和理解，就要设法去推理，把握类似的情况。宇宙间任何事物都同周围事物互相联系、互相制约着，每个事物内部的各个部分也总是互相依赖和互相作用着。不管是自然界还是人类社会，普遍联系是事物固有的辩证本性。《荀子·大略篇》："有法者以法行，无法者以类举，以其本知其末，以其左知其右，凡百事异理而相守也。"我们只有由此及彼，由表及里，由浅入深地认识世界，才能提高我们的认识水平和学习工作能力。

暴虎冯河

暴虎冯河　暴虎，空手搏虎；冯河，涉水过河。比喻有勇无谋，冒险行事。"冯河"两字最早见于《易·泰卦》，又见于《诗·小雅·小旻》。"暴虎"也见于《诗·郑风·大叔于田》和《诗·小雅·小旻》，暴虎冯河是先秦时期的俗语。

原文：

子谓颜渊曰："用之则行，舍之则藏，惟我与尔有是夫！"

子路曰："子行三军，则谁与？"

子曰："暴虎冯河，死而无悔者，吾不与也。必也临事而惧，好谋而成者也。"

注释：

尔：你。

子行三军：子，对孔子的尊称。军，一万二千五百人为军，大国三军。行，做，从事。这里可译为统帅，率领。行军，有出兵打仗之意。

与：动词。偕同的意思。

暴虎冯河：暴，在甲骨文中以手执仗搏虎，搏击老虎是"暴"的本义。暴虎即徒手搏虎。冯，读 píng，通"淜"，涉越。《说文》："淜，无舟渡河也。"《段注》："'淜'正字，'冯'假借字。"《尔雅·释训》："冯河，徒涉也。"即无船而赤足涉河。

今译：

孔子对颜渊说："用做事，就干起来；不用做事，就隐藏起来。只有我和你才能这样吧！"

子路问："您若率领军队出征，找谁共事？"

孔子说："赤手空拳同老虎搏斗，不用船只去渡河，这样死了都不后悔的人，我是不和他共事的。（我所找共事的）一定是面临任务便恐惧谨慎，善于谋略而能完成任务的人哩。"

疏解：

子路为人伉直鲁莽，果烈刚直，信守承诺，忠于职守。对待同一事物的对错，如果有不同的观点，他与宰予、颜回不同，会提出来，从不隐瞒。如孔子见当时卫国实际掌权者卫灵公的夫人南子时，子路不高兴，[1] 因为南子"美而好淫"；当孔子谈"正名"时，他就说孔子太迂阔；[2] 他甚至认为读书并不是成才的唯一途径，他说："那地方有老百姓，有土地和五谷，为什么一定要读书才叫做学问呢？"[3] 如此坦诚直言，是其他弟子所没有的。为此，他常遭孔子的痛责，说他"好勇过我，无所取材"。其实孔于对子路信守承诺、忠于职守的品性深有了解，曾断言"道不行乘桴浮于海。从我者，其由与？"他坚信当穷途末路之际，跟随自己的肯定是子路。[4] 说子路从不拖延诺言。[5] 肯定"由也升堂矣，未入于室也"[6]。将子路列为"政事"特优生。本章孔子在对子路的批评中肯定其果烈刚直，由此可窥孔子教育艺术之一斑。

这一章，孔子通过对颜回的赞许与对子路的批评，表达了两层意思。一是说明一个人要生存发展，首先要识时务。当进则进，当退则退，与时偕行。其二，勇于

---

[1] 《论语·雍也篇》："子见南子，子路不说。夫子矢之曰：'予所否者，天厌之！天厌之！'"

[2] 《论语·子路篇》："子路曰：'卫君待子而为政，子将奚先？'子曰：'必也正名乎！'子路曰：'有是哉，子之迂也！奚其正？'"

[3] 《论语·先进篇》："子路使子羔为费宰。子曰：'贼夫人之子。'子路曰：'有民人焉，有社稷焉，何必读书，然后为学？'子曰：'是故恶乎佞者。'"

[4] 《论语·公冶长篇》："子曰：'道不行，乘桴浮于海。从我者，其由与？'子路闻之喜。子曰：'由也好勇过我，无所取材。'"

[5] 《论语·颜渊篇》："子曰：'片言可以（折）狱者，其由也与？'子路无宿诺。"

[6] 《论语·先进篇》："子曰：'由之瑟奚为于丘之门？'门人不敬子路。子曰：'由也升堂矣，未入于室也。'"

任事只是事情成功的必要条件。临事而惧，善于谋略，才能完成任务，达成目标。即开国领袖毛泽东主席所说的“战略上藐视敌人，战术上重视敌人”。

求仁得仁

求仁得仁 求仁德便得到仁德，比喻实现了理想和愿望，如愿以偿的意思。

原文：

冉有曰：“夫子为卫君乎？”子贡曰：“诺，吾将问之。”

入，曰：“伯夷、叔齐何人也？”曰：“古之贤人也。”曰：“怨乎？”曰：“求仁而得仁，又何怨？”

出，曰：“夫子不为也。”

注释：

为：读 wèi，动词，可译为“赞同”。一说为帮助。

卫君：春秋末年卫国国君。姬姓，卫氏，名辄，谥号为出，史称卫出公。他曾两度出任国君，又两度被国人驱逐出境。

今译：

冉有问：“老师赞同卫君吗？”子贡说：“好罢，我去问问他。”

子贡走进孔子屋里，问孔子说：“伯夷、叔齐是什么样的人？”孔子说：“是古代的贤人。”子贡问：“他俩对自己的行为是不是又怨悔呢？”孔子说：“他们求仁德，便得到了仁德，有什么怨悔的呢？”

子贡从孔子屋里走出来，告诉冉有：“老师不赞同卫君。”

疏解：

这一章的主旨是立国以孝悌为本。学习这一章，可结合《论语·子路篇》里的子路问孔子“卫君待子而为政，子将奚先？”一章来读。鲁哀公六年（前 489）孔子自楚返卫，为公养之仕，此问当在其时。要准确理解这一章的意思，应从以下三个方面入手：一是卫君其人；二是伯夷、叔齐其人其事；三是为什么子贡不直截了当问，要转一个弯？

卫出公，名辄，谥号为出，史称卫出公。春秋末年卫国国君，卫灵公之孙。卫灵公太子蒯聩得罪君夫人南子，出奔宋国。鲁哀公二年（前493）夏天，灵公去世。灵公夫人南子想要立公子郢，公子郢自称“异于他子”，不愿继位，于是改立太子蒯聩之子辄。卫出公继位后，首先遇到的挑战是自己的父亲蒯聩与其争夺君位。卫灵公去世后，晋国国卿赵鞅亲自护送蒯聩回国与自己的儿子争夺君位，遭到卫国人的强烈反对，派兵阻止他回国，蒯聩只好暂居于卫邑戚，伺机而动。[1]

伯夷、叔齐是商朝末年孤竹国的两个王子。孤竹国是殷商北面的一个小方国，其活动区域大致在今河北省滦河和青龙河一带。关于伯夷、叔齐的事迹，主要有“让位避世”、“叩马而谏”、“不食周粟”。相传孤竹国君在世时立叔齐为王位继承人，孤竹君死后，叔齐欲让位于长兄伯夷，伯夷认为父王的遗命不能改，于是跑到北海之滨隐居。叔齐也不愿意继承王位，也跑到北海之滨隐居。殷末之际，商衰周兴，伯夷、叔齐听说西伯（周文王）仁德，便从北海之滨赶到丰邑。此时文王已经去世，武王继位，准备伐纣。他们叩马而谏：“父死不葬，爰及干戈，可谓孝乎？以臣弑君，可谓仁乎？”武王克商，取而代之，天下宗周称臣，伯夷、叔齐则不愿与他们认为的不孝不仁之徒为伍，跑到首阳山隐居起来，采薇而食，最后饿死在首阳山。[2]

一个是父子争国，一个是兄弟谦让。东汉·何休《春秋公羊解诂》言：“辄虽得正，非义之高。”而伯夷能顺乎亲，叔齐能恭其兄，孝悌皆为仁德。所以孔子如果赞称伯夷、叔齐，就是对卫公的否定。古有君子居是邦不非其大夫，况且是君主呢。子贡不直接问孔子对卫公的看法，是知道孔子为尊者讳，不会明白说出自己的看法的。这一点在《论语》《孔子家语》里有多次记载。

乐在其中

乐在其中 喜欢做某事，并在其中获得乐趣。

原文：

子曰：“饭疏食饮水，曲肱而枕之，乐亦在其中矣。不义而富且贵，

[1] 请参阅《左传·定公十四年》。

[2] 请参阅《史记·伯夷列传》。

于我如浮云。”

注释：

饭疏食：吃粗粮。饭，动词，吃。疏，训为粗。

饮水：古代热水叫做汤，水是冷水。

曲肱而枕：弯着胳膊当枕头。肱，读 gōng，胳膊。枕，动词。

今译：

孔子说：“吃粗粮，喝冷水，弯着胳膊当枕头，快乐也在其中了。用不正当的手段得到的富贵，对我来说如同浮云。”

疏解：

学习这一章，可结合“不堪其忧”、“乐以忘忧”等章来读。这一章孔子讲的是道义与富贵的取舍。在道义与富贵相一致时，孔子并不反对富贵。他曾说：“富而可求也，虽执鞭之士，吾亦为之。”但富贵与道义不相一致时，即使富贵唾手可得，他也视之如浮云，富贵“如不可求，则从吾所好”[1]。

孔子曾说：发大财，做大官，这是人人所祈盼的，用不正当的方法得到的富贵，正人君子是不会接受的。贫穷和低贱，这是人人所厌恶的，不用正当的方法摆脱贫贱，正人君子是不会摆脱的。君子抛弃了仁德，怎么能成就其名声呢？君子时刻都不会离开仁德，就是在仓促匆忙的时候也一定和仁德同在，就是在颠沛流离的时候也一定和仁德同在。[2] 躬身践仁，正是孔子孜孜不倦的追求，也是其乐之所在。因其“忧道不忧贫”，故能不以境遇而移，不以境遇而累，乐在其中。

发愤忘食　乐以忘忧

发愤忘食　用功忘了吃饭。比喻学习或工作勤奋努力。

乐以忘忧　快乐得忘了忧愁。

---

[1] 详见《论语·述而篇》。

[2] 《论语·里仁篇》：“富与贵，是人之所欲也；不以其道得之，不处也。贫与贱，是人之所恶也；不以其道得之，不去也。君子去仁，恶乎成名？君子无终食之间违仁，造次必于是，颠沛必于是。”

原文：

叶公问孔子于子路，子路不对。子曰："女奚不曰，其为人也，发愤忘食，乐以忘忧，不知老之将至云尔。"

注释：

叶公：叶，旧音读 shè，地名。当时属楚，今河南叶县南 30 里有古叶城。叶公，本名为沈诸梁，芈姓，沈尹氏，名诸梁，字子高。春秋时期楚国公族大夫，楚庄王之曾孙，因其食采于叶邑而称公。

奚：疑问代词，可译为"为什么"。

云尔：云，如此。尔，同"耳"，而已，罢了。

今译：

叶公向子路问孔子是个什么样的人，子路没有回答。孔子对子路说："你为什么不这样说，他的为人，用功便忘了吃饭，快乐便忘了忧愁，不晓得衰老会要到来，如此罢了。"

疏解：

叶公，楚庄王之曾孙，春秋末期楚国军事家、政治家。其生卒年难以确考，大约生于公元前 550 年，卒于公元前 470 年，与孔子（前 551—前 479）是同时代人。因其被楚平王封到古叶邑（今河南省平顶山市叶县叶邑镇）为尹，故史称叶公。

楚昭王二十七年（前 489），孔子从陈国打算到楚国，途经蔡地，与叶公见面。在此期间，叶公不仅向孔子请教了治国方略，[1] 还同他讨论了伦理道德的标准问题。孔子主张当亲人犯罪时应"为亲者隐"，而叶公主张应"大义灭亲"，这就是历史上有名的"叶公论政"。[2] "叶公问孔子于子路"，应在孔子师徒于叶地停留期间所发生的事，这时孔子亦六十三四岁。

这一章可以看做是孔子的自我鉴定。孔子为了自己的理想，达到了"忘食"、"忘忧"、"忘老之将至" 三忘。发愤忘食，乐以忘忧，是一种心理状态或感受。发愤忘食，说的是努力地学习或工作，连吃饭都忘记了。形容十分专心、勤奋。乐以忘忧，说的是忧道不忧贫，快乐得忘掉了忧愁。不知老之将至，说的是忘身之老，

---

[1] 《论语·子路篇》："叶公问政。子曰：'近者说，远者来。'"

[2] 《论语·子路篇》："父为子隐，子为父隐，直在其中矣。"隐，檃栝之檃。（檃栝，读 yǐn kuò。矫正曲木之具。揉曲叫檃，方正叫栝）"父为子隐"，即父亲檃栝儿子于内，不必待外人矫正，故有后文"直在其中矣"。

自强不息。《荀子·劝学篇》所说的“真积力久则入，学至乎没而后止也。故学数有终，若其义则不可须臾舍也”正是孔子忘老之意。

孔子盛赞颜回：“贤哉，回也！一箪食，一瓢饮，在陋巷，人不堪其忧，回也不改其乐。贤哉，回也！”[1] 并自我评价说：“饭疏食饮水，曲肱而枕之，乐亦在其中矣。不义而富且贵，于我如浮云。”[2] 我们可从中理解孔子的乐而忘忧。

生而知之

生而知之 指人出生就懂得知识和道理。

原文：

子曰：“我非生而知之者，好古，敏以求之者也。”

注释：

者：代词，可译为“的人”。

好古：古，这里指古代文化。好古，爱好古代文化。

敏：奋勉。刘宝楠《论语正义》：“敏，勉也，言黾（mǐn，努力，勉力）勉以求之也。”

今译：

孔子说：“我不是生来就有知识的人，而是爱好古代文化，勤奋敏捷地学习获得知识的。”

疏解：

这一章，孔子讲的是学习态度。孔子从对学习所抱的态度将人的“知”划分为三类：主动学习的，被动学习的，终生不学习的。他说：“生而知之者，上也；学而知之者，次也；困而学之，又其次也；困而不学，民斯为下矣。”[3] 从古至今有没有生而知之的人？2500 多年前的孔子没有推许过任何生而知之的人，就是被历代尊称圣人的他也不承认自己是生而知之者。

就努力勤勉学习的精神状态，孔子在不同场合多次作了自述。他说：“十室之

[1] 详见《论语·雍也篇》。

[2] 详见《论语·述而篇》。

[3] 详见《论语·季氏篇》。

邑，必有忠信如丘者焉，不如丘之好学也。”[1]“默而识之，学而不厌，诲人不倦，何有于我哉？”[2]

据有人研究，人类中高智商的人所占比例不到百分之三，就是这百分之三的人也需要学习才能掌握知识技能，只是比常人快一点，“闻一知十”罢了。当代著名作家鲁迅，别人夸他是天才，他说：“哪里有天才，我是把别人喝咖啡的工夫都用在了写作上。”要适应社会的发展，就应主动努力学习。《中庸》：“人一能之，己百之，人十能之，己千之。果能此道矣，虽愚必明，虽柔必强。”

择善而从

择善而从 指选择好的学习，按照好的做。

原文：

1. 子曰：“三人行，必有我师焉：择其善者而从之，其不善者而改之。”

2. 子曰：“盖有不知而作之者，我无是也。多闻，择其善者而从之；多见而识之；知之次也。”

注释：

三：这里表示多人的意思，不是确指三人。

焉：于此，在那里。

善：好，好的。

从：追随，引申为学习。

盖：副词，大概。

次：“差一等”、“次一等”的意思。在《季氏篇》里，孔子说：“生而知之者，上也；学而知之者，次也。”这里的“知之次也”正是“学而知之者，次也”的意思。

今译：

1. 孔子说：“几个人一起行走，一定有可以值得我所学习的人在那里：我选取

---

[1] 详见《论语·公冶长篇》。

[2] 详见《论语·述而篇》。

那些好的而学习，那些不好的就引以为戒。”

2. 孔子说：“大概有自己不懂却去创作的人，我不是这样的。多听，选择其中正确的来接受；多看，默默记在心里。这种知是仅次于‘生而知之’的。”

疏解：

这两章孔子都是讲的学习，前一章讲的是从别人身上学习借鉴，后一章讲的是在更广的范围学习借鉴掌握知识，提高学识与修养。孔子讲的“学习”，与我们今天一般人理解的“学习”已有差异。正确理解学习二字，不仅有助于我们准确解读孔子及其《论语》，更有利于提升我们自身的道德修养、学识水平及做事能力。学，是仿效的意思，即后觉效仿先觉者。习，本义是鸟数飞的意思，引申为温习，实习，演习。孔子所讲的内容，一般都与当时社会生活和政治生活密切相关，如礼、乐、射、御这些都须靠演习、实习。

择善而从，选择好的学习：一是向各方面都比自己强的人学习；二是向其优势特长学习。同时就其不足和缺点以为前车之鉴，引以为戒，同样也是一种学习。世界是丰富多样的，事物是复杂多变的，人总是在选择中生活。我们要提升自己，适应社会，除读有字之书，更要读无字之书。要随时随地在社会自然生活中观察学习思考，处处留心皆学问。

八

泰伯篇

战战兢兢　如临深渊，如履薄冰

战战兢兢　形容因小心而害怕的样子。战战，发抖的样子。兢，读 jīng。兢兢，小心谨慎的样子。

如临深渊，如履薄冰　好像面临深深的潭水之前，好像行走在薄薄的冰层之上。形容小心谨慎。渊，深水，潭。履，动词，步行。

“战战兢兢，如临深渊，如履薄冰”，出自《诗经·小雅·小旻（mín）篇》。这首诗是痛惜周幽王昏庸，任用小人谋事，实行邪僻政策，把个好端端的国家弄得奄奄一息。诗人面对这一现实，既万分痛心，又极为恐惧。全诗共有六章，曾参引用的是第六章的文句：“不敢暴虎，不敢冯河。人知其一，莫知其他。战战兢兢，如临深渊，如履薄冰。”这一章用比喻，暗写出时局的危险，诗人自己对此忧惧万分。

原文：

曾子有疾，召门弟子曰：“启予足！启予手！《诗》云：‘战战兢兢，如临深渊，如履薄冰。’而今而后，吾知免夫！小子！”

注释：

门弟子：指曾子的门人弟子。

启：本义是开，打开。在本章中历来注释家有两种解释，一是“打开”之意。另一解为“视”。认为这一“启”字就是《说文》的“䀻”字，释“视”。

《诗》：这里指《诗经·小雅·小旻篇》。

今译：

曾参病了，召集他的学生说：“看看我的脚，看看我的手。《诗经》上说：‘担心害怕，小心谨慎；好像面临深深的潭水，恐怕掉下去；好像行走在薄薄的冰层之上，恐怕陷进去。’从今以后，我知道自己可以免于祸害刑戮了！学生们！”

疏解：

这一章的主旨是人生当戒慎。历来解家认为此章说的是曾子之孝，以为身体受之于父母，不敢毁伤。因而当有疾病恐死，召其门人弟子，让开衾而看他的手足，以示无毁伤。其实，清·李颙（yóng）《反身录》抓住了此章曾子言行的本质："修身乃所以保身，手不举非义，足不蹈非礼，循理尽道，方是不毁伤之实。""保身全在修身，修身须是存心。心存则不乱，临大事而不乱，方足以任大事；临生死而不乱，方足以了生死。"这正是曾子用《诗经·小雅·小旻篇》里的"战战兢兢，如临深渊，如履薄冰"告诫门人弟子的本意。

《周易》第一卦《乾》卦上说："君子终日乾乾，夕惕若，厉无咎。"君子每时每刻勤勉不懈，小心谨慎，永远保持警惕，这样客观上虽然存在着危险，也不会招致实祸。人应当有敬畏之心，孔子说："君子有三畏：畏天命，畏大人，畏圣人之言。小人不知天命而不畏也，狎大人，侮圣人之言。"[1] 所谓畏，就是敬畏。人生无所畏，实在很危险。天命是超人间的主宰者，以现代的观点来看即是万事万物均须遵循的自然、社会发展规律；大人与圣人之言属于现实世界，大人的威严在于权力，用今天的观点来说，应敬畏遵守法律法规；圣人的威严在于道德，是善的化身，应心怀敬畏。遵循客观规律，遵守法律法规，死守善道，既是做人的本分，也是少犯错误的不二法门。

任重道远　死而后已

任重道远　任重道远，说的是担子很重，路途遥远。比喻责任重大，而且要经历长期的奋斗。

死而后已　说的是死了以后才停止。比喻生命不息，奋斗不止。

原文：

曾子曰："士不可以不弘毅，任重而道远。仁以为己任，不亦重乎？死而后已，不亦远乎？"

[1] 详见《论语·季氏篇》。

注释：

士：这里指读书人。

弘毅：弘，宽广。毅，《说文》："有决也。"意志坚强、果断。弘毅：抱负远大，意志坚定。

仁以：即以仁，可译为以实现仁德。

已：停止，完毕。

今译：

曾子说："读书人不可以不抱负远大，意志坚定。因为他负担的使命沉重，路程遥远。以实现仁德以天下为己任，这不也沉重吗？到死方休，这不也遥远吗？"

疏解：

这一章的核心是"仁以为己任"，重在"弘毅"。"仁"在孔子学说中占有核心地位，《论语》共出现109次，其内涵十分丰富。虽然在不同的场合，孔子对"仁"的解答也不一样，但有一个基本的精神贯穿始终，即"爱人"，是内在"仁心"与外在"仁道"之结合。具体体现在谦恭笃敬、为人诚信、具有博爱之心和克己复礼诸多方面。谦恭笃敬，只有内心真诚，外在的为人处世才会谦恭笃敬。敬，不仅对人应恭敬有礼，对事亦应敬业笃行。孔子说，出门工作好像去接待贵宾，役使百姓好像去承当大祀典，都得严肃认真，小心谨慎。自己不喜欢的事物，就不要强加于别人。在工作岗位上没有任何抱怨，就是平时也没有怨恨。[1] 平时容貌态度端正庄严，工作严肃认真，对别人真心诚意。这几种品德，即使到别的诸侯国去，也不能抛弃。[2] 仁者具有博爱之心。孔子说："夫仁者，己欲立而立人，己欲达而达人。能近取譬，可谓仁之方也已。"[3] 克己复礼即是克服人固有的怠惰、贪婪、骄傲、急躁等消极不良倾向，培养人固有的善良、仁爱、诚信、勤敏等积极因素，遵行礼节。"非礼勿视，非礼勿听，非礼勿言，非礼勿动。"[4] 仁道确如孔子所言："仁远乎哉？我欲仁，斯仁至矣。"[5] 关键是终生践行。

宋·朱熹："非弘不能胜其重，非毅无以致其远。仁者人心之全德，而必欲以身体而力行之，可谓重矣。一息尚存，此志不容少懈，可谓远矣。"[6] 实践仁德是

---

[1] 《论语·颜渊篇》："仲弓问仁。子曰：'出门如见大宾，使民如承大祭。己所不欲，勿施于人。在邦无怨，在家无怨。'仲弓曰：'雍虽不敏，请事斯语矣。'"

[2] 《论语·子路篇》："樊迟问仁。子曰：'居处恭，执事敬，与人忠。虽之夷狄，不可弃也。'"

[3] 详见《论语·雍也篇》。

[4] 详见《论语·颜渊篇》。

[5] 详见《论语·述而篇》。

[6] 详见宋·朱熹《论语集注》。

自己终生的责任，当通过修身励学，不断提升自身修养。终其一生都应在仁的道路上行走，至死方休。

今天学习曾子这段话，给我们的启示是：从小树立远大的理想，不断提升自己的道德修养和学术水平专业能力，为祖国的繁荣昌盛，人民的富裕安康，有一种责任感，使命感，并为之奋斗终生，生命不息，奋斗不止。

不在其位，不谋其政

不在其位，不谋其政 不在那个位子，不考虑那个位子该考虑的政事。

原文：

子曰："不在其位，不谋其政。"

注释：

位：职位，官位。

谋：谋划。一说为议论。刘宝楠《论语正义》："'谋'谓为之论议也。"

政：政务。

今译：

孔子说："不居于那个职位，便不考虑它的政务。"

疏解：

谋是谋划、商议、参与、干预之意。不在其位，不谋其政，说的是考虑事情不超越自己的职责范畴，不把精力浪费在自己其实并不了解、也无法施加影响的事情上。知道什么是自己该做的，什么是自己不该做的。当然，"不在其位，不谋其政"并非不从大局着眼、全局出发，而是把本职工作放在全局思考，实事求是、脚踏实地做好自己分内之事，做好眼下的事，仰望星空，谋划足下。《易》言："君子以思不出其位。"《中庸》所谓："非天子，不议礼，不制度，不考文。"说的是同一道理。明确自己的位置，遵守立身处世的原则，行为符合自己的身份，这样才不会越位错位，扰乱规则。如果每个人按社会分工做好自己职责范围内的事，社会即能正常高效运行。孟子说："位卑而言高，罪也。"思出其位，非但无济于事，且易招祸。

九

子罕篇

空空如也

空空如也 原形容诚恳、虚心的样子。现在形容一无所有。

原文：

子曰："吾有知乎哉？无知也。有鄙夫问于我，空空如也。我叩其两端而竭焉。"

注释：

鄙夫：见识浅薄的人。

空空如也：空空，即"悾悾"，诚恳的意思。如，形容词词尾，表示"……的样子"。空空如也，诚恳虚心的样子。另有解释为"一无所知"的，或说是孔子自言，或说是指鄙夫。

两端：犹言两头。即始终，本末，上下，左右，无所不尽。

竭：读 jié，尽，用尽。

今译：

孔子说："我有知识吗？我没有知识。有一个见识浅薄的人问我，他诚恳虚心。我从他那个问题的首尾两端去盘问，然后尽量地告诉他。"

疏解：

这一章通过孔子自述，给我们的启示有三点：

一是人生有涯而知无涯。相对于浩瀚无边的自然社会和纷繁复杂的人类社会，我们获取的知识只是沧海一粟。故孔子有"我有知识吗？我没有知识"之说，这不是孔子自谦，是面对无垠宇宙的一种真实感叹。圣人尚且如此，我们常人更没有理由不保持谦虚谨慎的态度和不断探索学习的精神。

二是知识是无穷无尽的，但是探求知识的方法是有规律可循的。"叩其两端"即是探究事物、获取知识的方法之一。叩即反问，两端是事物的两头。从疑问入手，向两端延伸，穷尽其意，使疑问明了。

三是请教问题应诚恳虚心，不抱成见。确如钱穆先生所言：“若使此鄙夫胸有成见，不诚不悫（què），别怀他肠而来问难，则孔子虽善叩，此鄙夫必抱持己见，深闭固拒，不能有所开悟矣。”这一章也体现了孔子循循善诱的教育理念。

循循善诱　欲罢不能

循循善诱　循循，有步骤、有次序。诱，引导。善于有步骤地进行引导。指教育得法。

欲罢不能　想停又停不下来。

原文：

颜渊喟然叹曰：“仰之弥高，钻之弥坚。瞻之在前，忽焉在后。夫子循循然善诱人，博我以文，约我以礼，欲罢不能。既竭吾才，如有所立卓尔。虽欲从之，末由也已。”

注释：

喟然：喟，读 kuì。喟然，长叹。

仰之弥高，钻之弥坚：仰，读 yǎng，抬头，脸向上。与“俯”相对。之，代词，指孔子的道德文章。弥，读 mí，更加。仰之弥高，仰望老师的道德文章，觉得更加巍峨高大。钻之弥坚，越钻研它越觉得坚不可摧。说孔子的道德文章不可穷尽。

瞻之：瞻，读 zhān，向上或往前看。之，代词，指孔子的道德文章。刘宝楠《论语正义》：“‘瞻之在前’，谓夫子道若可见也。”

忽焉：忽，快速。焉，形容词词尾，“……的样子”。刘宝楠《论语正义》：“‘忽焉在后’，谓终不可见也。”

循循：有次序、有步骤的样子。

博我以文，约我以礼：以文博我，以礼约我的倒装句。用诗、书、礼、易、春秋等文化典籍来丰富我，又用礼来约束我。

竭：尽。

卓尔：高高直立的样子。多形容一个人的道德学问及成就超越寻常，与众不同。

今译：

颜渊赞叹说：“先生的道德文章，越仰视，越觉得巍峨高大；越钻研，越觉得坚不可摧。看着在前面，忽然又觉得在后面。（虽然这样高深和不易捉摸，可是）先生善于有步骤地诱导我们，用各种文献来丰富我的知识，又用一定的礼节来约束我的行为，使我想停都停不下来。我已经用尽我的才力，像先生那样卓尔不凡，即使我想再跟上去，又不知从何处走了。"

疏解：

这章记述了颜渊赞叹孔子道德文章的高深及其教育内容和教学方法。对孔子道德文章高深的理解，可结合孔子弟子子贡的三次谈话来理解。一次是鲁大夫叔孙武叔说："子贡比他老师孔子要强些。"子贡说："拿房屋的围墙作比喻：我家的围墙只有肩膀那么高，谁都可以看到房屋的美好。我老师的围墙却有几丈高，找不到大门走进去，就看不到他那宗庙的雄伟，房舍的丰富。能够找到大门的人或许少罢。"[1] 另一次是鲁大夫叔孙武叔毁谤孔子。子贡说："不要这样做！孔子是毁谤不了的。别人的贤能，好比山丘，还可以超越过去；孔子像太阳和月亮，不可能超越他。"[2] 还有一次是齐国大夫陈子禽对子贡说："您对孔子是恭敬客气罢，难道他真比您强吗？"子贡告诉他："我们是赶不上他老人家的，犹如我们不能用阶梯爬上天空一样。"[3] 我们细读《论语》，孔子之道德文章，尽在人之性情之间，动容之际。不管是饮食起居、交往应酬之务，还是君臣父子夫妇兄弟之常，都浑然天成。诚如孔子自道"随心所欲不逾矩"，看似平常，其自有高深不可及处。所以有颜渊千年一叹，子贡的"无得而逾"。

"博我以文，约我以礼"讲的是教育内容。"博我以文"，即用各种文献来丰富知识。如颜渊问怎样治理国家。孔子告诉他："行夏之时，乘殷之辂，服周之冕，乐则《韶》《武》。放郑声，远佞人。郑声淫，佞人殆。"[4] "约我以礼"即用以周礼为依据的社会行为准则或规范来约束行为。如"颜渊问仁。子曰：'克己复礼为

---

[1] 《论语·子张篇》："叔孙武叔语大夫于朝曰：'子贡贤于仲尼。'子服景伯以告子贡。子贡曰：'譬之宫墙，赐之墙也及肩，窥见室家之好。夫子之墙数仞，不得其门而入，不见宗庙之美，百官之富。得其门者或寡矣。夫子之云，不亦宜乎！'"

[2] 《论语·子张篇》："叔孙武叔毁仲尼。子贡曰：'无以为也！仲尼不可毁也。他人之贤者，丘陵也，犹可逾也；仲尼，日月也，无得而逾焉。人虽欲自绝，其何伤于日月乎？多见其不知量也。'"

[3] 《论语·子张篇》："陈子禽谓子贡曰：'子为恭也，仲尼岂贤于子乎？'子贡曰：'君子一言以为知，一言以为不知，言不可不慎也。夫子之不可及也，犹天之不可阶而升也。夫子之得邦家者，所谓立之斯立，道之斯行，绥之斯来，动之斯和。其生也荣，其死也哀，如之何其可及也？'"

[4] 详见《论语·卫灵公篇》。

仁。一日克己复礼，天下归仁焉。为仁由己，而由人乎哉？’”并告诉颜渊：“非礼勿视，非礼勿听，非礼勿言，非礼勿动。”[1]“循循然善诱人”讲的是孔子的教学方法，即以次序，一步步诱导学生。孔子的这一教育思想和教学方法，至今都值得我们学习借鉴。

待贾而沽

待贾而沽 贾，现一般读 jià，写作“价”。等好价钱才卖。比喻等待有人赏识或给予高的职位才肯出来效力。

原文：

子贡曰：“有美玉于斯，韫椟而藏诸？求善贾而沽诸？”子曰：“沽之哉！沽之哉！我待贾者也。”

注释：

韫椟：韫，读 yùn，藏。椟，读 dú，木柜，木匣。

善贾：贾，同“价”，价钱。“善贾”便是“好价钱”。一说“贾”读 gǔ，指商人。善贾指识货的商人。沽：读 gū，买，如“沽名钓誉”。诸：相当于“之乎”，之，代词。乎，疑问语气词，相当于现代汉语的“吗”。

哉：语气词，相当于现代汉语的“啊”。

今译：

子贡问孔子：“这里有一块美玉，把它裹藏起来放在柜子里呢，还是求一个好价钱卖掉呢？”孔子说：“卖掉它啊！卖掉它啊！我在等待买主呢。”

疏解：

古人常以玉比德。子贡见老师孔子道德高尚、满腹经纶而没有做官，故借美玉有此一问。孔子“沽之哉！沽之哉！”斩钉截铁说明美玉当沽不当藏。孔子与子贡的分别，在“求”字与“待”字上。求则枉道徇人，待则顺乎天理。体现出老师用之则行、舍之则藏之心。孔子不是不想出来做官，他是要等待圣明君主。这里的“贾（gǔ）”是周文王、周武王那样的圣明君主。

---

[1] 详见《论语·颜渊篇》。

孔子终其一生，只在鲁国任职四年。他从鲁定公九年出仕，到鲁定公十三年被迫离开，从中都宰到司空、司寇为期四年。孔子为司寇，先后主导了影响较大的两件事，一是相定公与齐国的夹谷之会，赢得了外交上的胜利；二是提出隳三都的主张。隳三都虽受到了顿挫，但亦抑制了“三桓”势力。孔子从55岁离开鲁国，带着子路、颜回等弟子到卫国、曹国、宋国、郑国、陈国、蔡国、楚国等诸侯国，历时十几年，直至68岁。他之所以周游列国，是希望找到圣明君主并被重用，但一生再未如愿。孔子只有设席授徒，“是亦为政”了。[1]

今天我们说“待价而沽”，比喻有好的待遇、条件才答应任职或做事。

各得其所

各得其所 原指各如其所愿，得到自己所要的东西。后多指各自都得到适当的安置。

《周易·系辞下》：“日中为市，致天下之民，聚天下之货，交易而退，各得其所。”各得其所，指各人都得到满足。

原文：

子曰：“吾自卫返鲁，然后乐正，《雅》《颂》各得其所。”

注释：

自卫返鲁：卫，卫国。鲁，鲁国。卫国、鲁国是春秋时期的两个诸侯国。孔子生长在鲁国，55岁周游列国，68岁从卫国返回鲁国。

乐正：毛奇龄《四书改错》：“正乐，正乐章也，正雅、颂之入乐部者也。部者，所也。如《鹿鸣》一雅诗，奏于‘乡饮酒礼’，则‘乡饮酒礼’其所也。”乐正即正其乐章。

《雅》《颂》各得其所：《诗经》原先全是乐歌，它的编排就是按照乐曲的不同分为“风”、“雅”、“颂”三类。篇章内容的分类，保留在《诗经》中，乐曲则早已失传。所，适当的类别。《雅》《颂》各有适当的类别。

今译：

孔子说：“我从卫国回到鲁国，才把音乐（的篇章）整理出来，然后《雅》归

[1] 《论语·为政篇》：“或谓孔子曰：‘子奚不为政？’子曰：《书》云：‘孝乎惟孝，友于兄弟，施于有政。’是亦为政，奚其为为政？’”

《雅》，《颂》归《颂》。《雅》《颂》各有适当的类别。”

疏解：

孔子生长在鲁国，51 岁开始出仕，为鲁国中都宰，后为大司寇，55 岁离职周游列国，68 岁从卫国返回鲁国。从此以后，孔子整理《诗》《书》，修订《礼》《乐》，编著《春秋》，并教授门徒。为中华文化的传承做出了伟大的贡献。这一章是孔子自述其自卫国回到鲁国后整理《诗》《书》，修订《礼》《乐》之后的心得。

《尚书·舜典》：“诗言志，歌永言，声依永，律和声。”《诗经》三百零五篇，原先全是乐歌，它的编排就是按照乐曲的不同分为“风”、“雅”、“颂”三类。“风”有十五国风，属于地方曲调。“雅”是由乐器之名演变为曲调之称的。这种曲调原盛行于西周王畿（读 jī，古代称靠近国都的地方），是周王朝直接统治区的音乐。“雅”有大雅、小雅，属于朝廷的“正乐”。大雅共三十一篇，小雅共七十四篇（除去笙诗有目无诗六篇）。其内容有周族史诗、战争、祭祀、农事、恋歌、贵族宴会享乐生活、政治讽刺、歌功颂德等。“颂”是周王朝的庙堂音乐，用于祭祀祖先和神明。颂诗就是以歌舞娱乐祖先和神明的唱词。颂共有四十首诗，其中周颂三十一首，鲁颂四首，商颂五首。鲁颂和商颂是春秋前期鲁国和宋国为歌颂自己的祖先而作的。

篇章内容的分类，我们可从今日的《诗经》见到；乐曲的分类，因为古乐早已失传，便不知其所以。据《左传·襄公二十九年》记载，周景王元年（前 544）吴公子季札到鲁国观乐。鲁国为季札所歌的诗，分类名目，先后次递和今本《诗经》差不多。季札观乐那年孔子才 8 岁，因此可以推测在孔子出世的时候，已经有了一本篇数和编排方式和我们今天见到的《诗经》大致相同的总集。孔子所谓的“雅、颂各各得其所”，是定其声律，还是整齐篇次，已不得而知。

功亏一篑

功亏一篑 功，通“工”，所做的事。亏，差，缺少。篑，音 kuì，土筐。只差一筐土而没有完成。比喻做事只差最后一点而未能完成，功败垂成。

功亏一篑，最早见于《尚书·周书·旅獒（áo）》：“夙夜罔（wǎng）或不勤？不矜（jīn）细行，终累大德。为山九仞（读 rèn，周尺八尺或七尺。一尺合今二十三厘米），功亏一篑。”《旅獒》是周朝太保召公奭（shì）进诫周武王之词。周武王时，有西裔旅国进贡獒犬，召公认为不应当接受，作书进诫。这句话的意思是：作为人君，从早到晚，存心应事，不可有一丝一毫的偷安懈怠。如果不注意生活小节，最终会害了大德；就像要造九仞高山，只要再加一筐土就大功告成，可是没有坚持，只差最后一筐土，这座九仞高山也不算建成，就会前功尽弃，功败垂成。

原文：

子曰：“譬如为山，未成一篑，止，吾止也。譬如平地，虽覆一篑，进，吾往也。”

注释：

为山：为，动词。为山，堆积土山。

篑：读 kuì，土筐。

今译：

孔子说：“好比堆土成山，只差一筐土就成了，如果应该停下来，我会停下来。好比在平地上堆土成山，即使才倒下一筐土，如果应该前进，我会继续前进。”

疏解：

这一章孔子重在强调人生的自我意愿和责任，当取刚健自强、进取不息的人生态度。《易》云：“天行健，君子以自强不息。”《诗》云：“靡不有初，鲜克有终。”凡事在锐志，贵在有恒。

孔子用堆土成山这一比喻，告诉我们：君子行事应“唯义与比”。如果不该做的事，哪怕已付出百倍艰辛，成功在望，也应立刻停止；如果本该做的事，哪怕刚刚开始，虽然道路险阻，也应坚持努力。同时，从另一个方面告诉我们功亏一篑和持之以恒的深刻道理。可结合《孟子·尽心篇》和《荀子·劝学篇》中的相关论述来理解。《孟子·尽心篇上》“有为者辟若掘井，掘井九轫而不及泉，犹为弃井也”，说的是功亏一篑的道理。《荀子·劝学篇》“不积跬步，无以至千里；不积小流，无以成江河。骐骥一跃，不能十步，驽马十驾，功在不舍。锲而舍之，朽木不折；锲而不舍，金石可镂”，说的是持之以恒的道理。

后生可畏

后生可畏 指年轻人是值得敬畏的。后多指年轻人有更多发展的可能，令人期待。

原文：

子曰："后生可畏，焉知来者之不如今也？四十、五十而无闻焉，斯亦不足畏也已。"

注释：

后生：指年轻人。

焉：疑问代词，可译为怎么，哪里。另"焉"为语气词。

来者之不如今：来者，未来的人，指今日之后生。今，今日之成人。

闻：旧读 wèn，声誉，名声。《诗经·大雅·卷阿》："令闻令望。"（令：好的。望：名望。）

今译：

孔子说："年轻人是值得敬畏的，怎能知道他们未来比不上现在的人呢？一个人到了四五十岁还默默无闻，也就不值得敬畏了。"

疏解：

按"人生七十古来稀"的说法，假定人的寿命为七十岁，到五十岁已过了三分之二。二十岁到五十岁正是一个人年富力强、精力充沛的黄金时期，故孔子有此一说。人的成才，具有普遍规律，但也有个案。揆诸历史，少年英雄不乏其例，大器晚成也不在少数。这除开个体因素外，与所从事的专业和所处时代息息相关。

战国末期的甘罗、西汉时期的霍去病、东汉末年的周瑜是少年英雄的代表。甘罗是著名的少年政治家。十二岁时出使赵国，使计让秦国得到十几座城池，甘罗因功得到秦王政（后来的秦始皇）赐任上卿（相当于丞相）。西汉名将霍去病，十七岁被汉武帝任命为骠姚校尉，十九岁被汉武帝任命为骠骑将军，二十一岁加官为大司马。三十三岁的周瑜率军与刘备联合，于赤壁之战中大败曹军，由此奠定了"三分天下"的基础。商末周初姜子牙、北宋苏洵则是历史上大器晚成的典型案例。姜子牙直到七十岁还是一事无成，闲居在家。相传七十二岁时在渭水之滨的磻（pán）溪垂钓，遇到了求贤若渴的周文王，才被封为"太师"，被周武王尊为"师尚父"，辅佐武王伐纣建立了周朝。北宋苏洵，二十五岁始知读书，直到四十九岁，受到欧阳修赞赏，文名因而大盛。与其子苏轼、苏辙并以文学著称于世，世称“三苏”，均被列入“唐宋八大家”。

少年英雄也好，大器晚成也罢，其成才的根本点在于自己的主观努力，孔子在这一章中正是教人及时努力。孔子先说后生可畏，是对青年人的期许；后说“四十、五十而无闻焉，斯亦不足畏也已”，是以此对年轻人的鞭策。劝诫青少年珍惜时光，努力学习，勤奋工作。莫等闲，白了少年头。可谓用心良苦。

其实一个人的能力有大小，社会分工亦各不相同，只要不忘初心，勤勉努力，尽了人生的责任，都是值得敬畏的。

十

乡党篇

侃侃而谈

侃侃而谈　现在一般形容人说话理直气壮，从容不迫。常用来形容人善于交谈。

原文：

朝，与下大夫言，侃侃如也；与上大夫言，訚訚如也。君在，踧踖如也，与与如也。

注释：

朝：动词，上朝。

下大夫，上大夫：诸侯三卿（司徒、司马、司空）为上大夫，其他为下大夫。

侃侃如：侃，读 kǎn。侃侃如，温和而快乐的样子。

訚訚如：訚，读 yín。訚訚如，正直而恭敬的样子。

踧踖如：踧踖，踧读 cù；踖读 jí。踧踖如，恭敬局促的样子。

与与如：与，读 yù。与与如，威仪中适的样子。

今译：

（孔子）上朝的时候，同下大夫说话，温和而快乐；同上大夫说话，正直而恭敬；当君主在时，恭敬而略显拘谨，严肃而又温和。

疏解：

这一章生动地展现了孔子谦谦君子形象，他在礼容上给我们做了一个很好的示范。礼是社会一切活动的准则，使社会尊卑有序，和谐共处。孔子认为人的活动应符合“德”，要体现仁、义、文、行、忠、信的要求，具体表现在礼节礼容上。礼容，即行礼者的体态、容貌等。礼义所重，在于诚敬，故行礼者的体态、容色、声音、气息，都必须与之相应，所以《礼记·杂记下》说：“颜色称其情，戚容称其服。”《论语·乡党篇》里记载了孔子在乡党、宗庙、朝廷等不同场合的礼容，或愉悦，或敬谨，或恭顺，或怡然自得，都随仪节、场景的变化而转换。

这里记述的是孔子在上朝期间分别对下大夫、上大夫、君主的言行举止。鲁国季孙为司徒，叔孙为司马，孟孙为司空，为正卿，属于上大夫。司徒之下，置小卿两人，一是小宰，一是小司徒；司空之下，亦置两小卿，一是小司寇，一是小司空；司马之下置一小卿，为小司马。孔子仕鲁为小司空、小司寇，是下大夫。下大夫爵位与其相等，故同下大夫说话，温和而快乐。上大夫，爵位既尊，故同上大夫说话，正直而恭敬。当君主在时，恭敬而略显拘谨，严肃而又温和。这些社交场合的礼仪礼容，至今仍然值得借鉴。

食不厌精，脍不厌细

食不厌精，脍不厌细　食物不嫌弃做得精致，肉类不嫌弃切得细，饮食越精美越好。现在一般形容讲究饮食。

原文：

食不厌精，脍不厌细。

食饐而餲，鱼馁而肉败，不食。色恶，不食。臭恶，不食。失饪，不食。不时，不食。割不正，不食。不得其酱，不食。

肉虽多，不使胜食气。唯酒无量，不及乱。沽酒市脯不食。

不撤姜食，不多食。

注释：

厌：满足，或者嫌弃。

精：上等细米。引申为精细。

脍：读 kuài。切细的鱼或肉。

饐餲：饐，读 yì。指饮食经久而腐臭。餲，读 ài。指饮食经久而味恶。饐与餲为肉类食品腐败的深浅之异。

馁败：馁，读 něi，鱼肉腐烂为“馁”。肉腐烂为“败”。

臭恶：臭，读 xiù，气味。恶，读 è，坏，不好。

失饪：指烹调失当。饪，读 rèn，做饭做菜。

不时：不是应该吃的时候。

割不正：割，用刀切断，截下。特指切肉，宰割。邢昺《论语疏》："割不正，谓折解牲体脊、胁、臂、臑（臑，nào，牲畜前肢下半截）之属，礼有正数，若解割不得其正，则不食也。"

食气：食，旧读 sì，饭。气，《说文》："既，小食也。《论语》云：'不使胜食既。'"既、气、饩三字古书通用。食气，饭料。

乱：神志昏迷。

沽：酒市脯：朱熹《论语集注》："沽，市，皆买也。"脯，读 fǔ，肉干。沽：酒市脯即买的酒买的肉。

今译：

食物不嫌弃做得精致，肉类不嫌弃切得细。

粮食霉烂发臭，鱼和肉腐烂，都不吃。食物颜色难看，不吃。气味难闻，不吃。烹调不当，不吃。不到该吃饭的时候，不吃。不是按一定方法切割的肉，不吃。没有调味的酱醋，不吃。

餐桌上肉虽多，吃肉不超过主食。只有酒不限量，却不能醉。

买来的酒不喝，买来的肉干不吃。

姜不撤除，但不多吃。

疏解：

春秋时期的食物并不像我们现在丰富，从《论语》和《孟子》中可窥一斑。"子华使于齐，冉子为其母请粟。"[1] 粟是未去壳的谷粒，去了壳叫小米。古代粟是黍、稷之类粮食的总称。"原思为之宰，与之粟九百。"[2] "四体不勤，五谷不分。"五谷，指稻、黍（读 shǔ，黄米）、稷（读 jì，小米）、麦、菽（读 shū，豆类的总称）。粟和稻、麦、菽可能就是当时中原地区的主食。《孟子·梁惠王章句上》有一段孟子和梁惠王的对话，孟子说："五亩之宅，树之以桑，五十者可以衣帛矣。鸡豚狗彘之畜，无失其时，七十者可以食肉矣。"这是孟子给梁惠王描绘的理想社会的愿景，可见普通老百姓是很难吃到肉的。这一章孔子讲的是士大夫以上官员的饮食问题。

学习这一章，很容易引起人们对孔子在"饮食"问题上的疑惑和误解，以为他

---

[1] 详见《论语·雍也篇》。

[2] 详见《论语·微子篇》。

是个讲究享受的美食者。孔子曾说过："饭疏食饮水，曲肱而枕之，乐亦在其中矣。"[1] 他也赞赏颜回"一箪食，一瓢饮，在陋巷，人不堪其忧，回也不改其乐"[2] 的生活态度。其实这是一个问题的两个方面。就人生的意义来说，饮食相对于修己安人是小事，只要满足基本的温饱即可。就人饮食的目的来说，它是维持生命及健康的需要。什么食物能吃，什么食物不能吃，孔子从色、香、味的角度在食材的选择、食品的烹饪及食量上作了讲说，其科学性至今值得借鉴。

[1] 详见《论语·述而篇》。

[2] 详见《论语·雍也篇》。

十一

先进篇

言必有中

言必有中 中，中肯。话都说到点子上。形容说话得当。

原文：

鲁人为长府。闵子骞曰："仍旧贯，如之何？何必改作？"子曰："夫人不言，言必有中。"

注释：

鲁人：这里指鲁昭公。

为：动词，做。这里可译为扩建。

长府：鲁君别馆，是兵器货币藏所。郑玄："长府，藏名也，藏财货曰府。"

闵子骞：孔子学生。姓闵，名损，字子骞，鲁国人，比孔子小15岁。孔门十哲之一，列"德行"科。

仍旧贯：仍：因，沿袭。贯：事例。仍旧贯，沿袭原来的事例。

夫人：夫，读fú，指示代词，这，那。夫人，这个人，这里指闵子骞。

今译：

鲁君准备扩建长府国库。闵子骞说："照着老样子怎么样？为什么一定要重新扩建？"

孔子说："这个人平常不说话，一说话就很中肯。"

疏解：

鲁昭公是与孔子同时代的鲁国国君，他在任的时候国家内忧外患严重，政权掌握在"三桓"手中，公室地位渐卑。所谓"三桓"是指孟孙氏、叔孙氏、季孙氏，他们都是鲁桓公的后代。为求亲政，鲁昭公谋划剪除"三桓"势力，为避人耳目，居住在长府之中。"长府"是公室贮藏财货的地方，用途发生变化，所以鲁昭公要扩建长府。闵子骞对鲁国当时政治斗争形势做出了正确判断，认为鲁昭公为政无方，已失民心，势力对比已经落于下风，斗争是注定要失败的，因此“为长府”毫无意义。这样的观点与孔子的看法一致，因而得到了孔子的赞许。鲁昭公虽与权臣展开了殊死搏斗，结果却被“三桓”赶出国门，八年始终未能再回国，最后客死异国他乡。[1]

宋代朱熹说：“言不妄发，发必当理，惟有德者能之。”[2] 要准确判断事物的本质，首先要有正确的世界观和价值观。其次要有唯物辩证观。由表及里，由浅入深，由此及彼，透过现象看本质，才能抓住事物的主要矛盾和矛盾的主要方面，言必有中。

登堂入室

登堂入室 堂、室：古代宫室，前面是堂，后面是室。登上厅堂，进入内室。比喻学问或技能从浅到深，达到很高的水平。后也形容唐突进入，指鲁莽不礼貌行为。语本《西湖佳话·西泠韵迹》：“未得其门，尚思晋谒；既已登堂，便思入室。”

原文：

子曰：“由之瑟奚为于丘之门？”门人不敬子路。子曰：“由也升堂矣，未入于室也。”

注释：

由：孔子学生仲由。名由，字子路，一字季路。孔子称学生都称名。

瑟：读 sè，古代的乐器，和琴同类。

奚为：奚，疑问代词，表示“为什么”。为，动词，这里可译为“弹”。

丘：这里是孔子自称。古代自称一般称名，长辈叫晚辈、老师叫学生亦称名，如孔子叫学生都称名。同辈之间叫别人称字，以示尊重。

升堂入室：“堂”是正厅，“室”是内室。先入门，次升堂，最后入室。这里是比喻，表示做学问的几个阶段。“入室”犹如今天的俗语“到家”。我们说这个人的学问到家了，正是说他的学问极好。

---

[1] 《左传·昭公二十五年》：“公居长府，伐季氏，入之。孟氏、叔孙氏共逐公徒，公逊（逊，读 xùn，退避，退让）于齐。”

[2] 详见宋·朱熹《论语集注》。

今译：

孔子说："仲由弹琴，为什么在我这里弹呢？"孔子的学生因此瞧不起子路。孔子说："仲由的学问已经不错了，只是还不够精深罢了。"

疏解：

在古代社会，音乐是政治治理和社会教化的重要内容和手段，音乐也是孔子教学的重要内容。《史记·孔子世家》说"孔子以诗、书、礼、乐教"。因此孔门弟子的音乐素养都很高，他们时常聚在一起操琴鼓瑟，切磋琢磨。子路为人好勇，性情浮躁，操琴之声呕哑嘲哳，隐约透露出一股杀戮征伐之气，故孔子对子路采取抑制的教育方法。[1] 这里记述的是孔子对子路演习琴瑟的批评，并对其他弟子对子路的态度作了一番引导教育。

这一章，孔子不但教导子路自警自省，要学习君子之音，温柔居中；同时告诫其他弟子，学问无穷，不可自足而轻人，应相互学习，相互尊重。从中也可看出孔子高超的教育方法和人际关系的协调能力。

过犹不及

过犹不及　犹，如同，好像。事情做过了头就跟事情做得不够一样，都是不好的。

原文：

子贡问："师与商也孰贤？"子曰："师也过，商也不及。"曰："然则师愈与？"子曰："过犹不及。"

注释：

师：孔子学生。姓颛（zhuān）孙，名师，字子张，陈国人，陈国公子颛孙之后，比孔子小48岁。

商：孔子学生。姓卜，名商，字子夏。

愈：胜。

孰贤：孰，谁。贤，本义为财多，引申义为有道德有才能，又引申为胜过，甚于。这里是胜过，超过之义。

---

[1] 请参阅《孔子家语·辩乐解》。

今译：

子贡问孔子：“颛孙师和卜商两个人，谁强一些？”孔子说：“颛孙师呢，有些过分；卜商呢，有些赶不上。”子贡说：“那么颛孙师要强一些吧？”孔子说：“过分和赶不上一样。”

疏解：

怎样理解孔子对子张和子夏的评价，我们可从《论语》和《孔子家语》里的记载来看。据《孔子家语·弟子解》记载，子夏娴习于《诗》，能够精通诗义，以擅长文献著称。为人性格不够弘大，喜好谈论精微的问题，当时的人没有能超过他的学问的。子张有容貌资质，为人谦和，结交广泛，十分从容地追求自己的事业与理想，但并不致力于仁义之行。从这一记载看，子夏和子张，道德才能上没有大的区别。子夏在文学上要胜于子张，被孔子列为孔门十哲文学特优生。倒是性格上有明显的区别，子夏“为人性不弘”，子张“宽冲博接”。这可能是他们一个“不及”，一个“过”吧。《论语》里多处记载子张和子夏的言行，其中《子张篇》里关于对“交友”的态度印证了孔子评价的“过”和“不及”。子夏的学生问子张交友之道。子张问：“子夏怎么说？”子夏的学生回答说：“子夏说，可以交的去交他，不可以交的拒绝他。”子张说：“我所听到的与此不同：君子尊敬贤人，也接纳普通人；赞美好人，同情无能的人。我是非常好的人吗，对什么人不能容纳呢？我是坏人吗，别人会拒绝我，我又怎能去拒绝别人呢？”

孔子以为“过”和“不及”都不好，而应行中庸之道，即不偏不倚，无过无不及，这也是我们在为人做事中应该把握的。“中无定体，随时而在。”客观情况时时处于不断的变化之中，人的主观意识也要随之变化。当快则快，该慢则慢，随时处中，用唯物辩证法的观点就是“度”的把握。

鸣鼓而攻之

鸣鼓而攻之 鸣鼓：击鼓。攻：声讨。大张旗鼓地加以声讨。比喻宣布罪状，谴责或声讨。

原文：

季氏富于周公，而求也为之聚敛而附益之。子曰："非吾徒也。小子鸣鼓而攻之，可也。"

注释：

季氏：指鲁卿大夫季康子。

周公：原指周公旦。姬姓，名旦，周文王姬昌第四子，周武王姬发的同母弟，因其封地在周（今陕西宝鸡市岐山北），封爵为公，故称"周公"。他是我国历史上杰出的政治家、军事家、思想家，其事迹和思想对后世影响很大。此处周公泛指周公旦后裔，亦即鲁国历代国君，这里特指鲁哀公。

求：孔子学生。姓冉，名求，字子有。

聚敛而附益之：聚，聚集，积聚。敛，收，聚集，引申为征收。附益之，使之附益。之，代词，这里指季氏。附益，增加的意思。

今译：

季氏比周公还富有，冉求却又为他搜括，使其增加更多的财富。孔子说："冉求不是我的学生，你们可以大张旗鼓地批判他。"

疏解：

"冉有为季氏聚敛而附益之"的事发生在鲁哀公十二年（前483）。鲁国执政国卿季康子在鲁国推行田赋制度改革，具体内容是改丘赋为田赋（一丘为十六亩）。改革大幅提高了赋税比例，增加了民众的赋税负担。当时孔子弟子冉有正担任季氏宰，是推行田赋制度改革的具体实施者。鲁国推行的田赋制度改革，季康子是真正的倡导者，同时也是最大的受益者。因为鲁国在"四分公室"的改革中，"季氏择其二"，采地最多，资产最丰。因此孔子批评"季氏富于周公"。

孔子对季康子推行的田赋制度改革是持反对态度的，他反对的理由主要是季康子推行的"用田赋"违反了"周公之典"。周公在田赋制度方面的基本精神是"施取其厚，事举其中，敛从其薄"的轻徭薄赋。孔子私下还把自己对此事的真实看法告诉了冉有，希望他能劝谏季康子恪守周公之礼，放弃田赋改革。然而冉有同对季康子"旅泰山"、"伐颛顼"[1] 等违礼行为不能加以劝阻一样，也没有劝阻季康子的田赋改革。[2]

---

[1] 详见《论语·八佾篇》和《论语·季氏篇》。

[2] 请参阅《左传·哀公十一年传》。

冉有作为孔子高徒，季康子家臣，在孔子看来本应匡正季氏之过，安民报国，才是尽忠职守之道。可是他不能以道事主，还为之聚敛，以增其财富，是为不义。孔子认为冉有所作所为是不忠不义，所以有此激愤之词。

孔子此语，借批冉有表达了对季氏违背“周公之制”的强烈不满，同时也告诫其他弟子凡事要尽忠守道，安民报国。一石三鸟，可谓用心良苦。

十二 颜渊篇

己所不欲，勿施于人

己所不欲，勿施于人 是指自己所不愿意要的，不要强加于别人。

原文：

仲弓问仁。子曰："出门如见大宾，使民如承大祭。己所不欲，勿施于人。在邦无怨，在家无怨。"

仲弓曰："雍虽不敏，请事斯语矣。"

注释：

仲弓：孔子学生。姓冉，名雍，字仲弓，鲁国人。冉雍出身卑贱，为人敦厚老实，是孔门十哲之一，被孔子列为"德行"特优生。

大宾、大祭：大宾、大祭专指天子而言。大宾，指诸侯朝觐（觐：读 jìn，本义为古代诸侯秋天朝见帝王，泛指朝见帝王）之礼。大祭，是一种祭祖仪式。大宾大祭即朝觐禘祫（禘，读 dì，古代帝王或诸侯在始祖庙里对祖先的盛大祭祀。祫，读 xiá，古代天子或诸侯把远近祖先的神主集合在太庙里进行祭祀）。

在邦、在家：邦，国。家，这里指卿大夫之家。刘宝楠《论语正义》：在邦谓仕于诸侯之邦，在家谓仕于卿大夫家。

请事斯语：请，请求，这里是请您允许我的意思。在古汉语里，请后面有动词，常常表示"请你允许我……事"。事，做，这里可译为努力践行。斯，指示代词，指代孔子说的话。

今译：

仲弓向孔子请教如何行仁道。孔子说："走出家门，像是去接待贵宾；使唤百姓，像是去承办重要祭典。自己不喜欢的，不要强加于人。在诸侯之国工作，不埋怨责怪他人；在大夫之家工作，不埋怨责怪他人。"

仲弓说："我虽然迟钝，也要按您的话努力。"

疏解：

这一章，孔子以内心自省自重为切入点，讲了与人交往的基本原则，即存敬守礼、关爱他人，这就是践行仁道。

“仁”是孔子思想的核心内容。就如何求得仁德这一问题，孔子对不同的弟子即使是同一弟子，在不同的场合给出的答案也各不相同。从《论语》的记载来看，孔子惟与颜渊、仲弓论为君治国理政之道，表明了孔子对颜渊、冉雍道德才能的期许。[1] 就“行仁”的问题，孔子给颜渊的回答是“克己复礼”，“非礼勿视，非礼勿听，非礼勿言，非礼勿动”。[2] 给樊迟的回答是“爱人”，“居处恭，执事敬，与人忠”。[3] 而告诉子张的是“能行五者于天下为仁矣”，即“恭、宽、信、敏、惠。恭则不侮，宽则得众，信则人任焉，敏则有功，惠则足以使人”。[4] 这一方面是孔子根据弟子们不同的性格特点和社会角色，因材施教；同时也说明仁不远人，就体现在人们日常生活中，“我欲仁斯仁至矣”。躬身践行的中心点就是约束自我，践行礼节。

子贡曾问孔子：“有没有一个字可以让人终身奉行的呢?”孔子告诉他：“应该是‘恕’吧！自己不喜欢的，不要强加于人。”[5] 孔子这是从做人的底线来谈的，做人不能突破这一底线。从积极的意义上讲是“忠”。“夫仁者，己欲立而立人，己欲达而达人。”[6] 孔子要求的不是独自享有幸福，而是积极服务社会兼济天下。忠恕之道，就是实行仁的方法。

内省不疚

内省不疚 省，读 xǐng，自我检查，反省。疚，忧苦，特指因自己过失而造成的心内痛苦。指自我反省，内心并不感到惭愧不安，即没有做有愧于心的事。

---

[1] 请参阅清·阮元《揅（揅：读 yán，古同研）经室集》。

[2] 详见《论语·颜渊篇》。

[3] 详见《论语·子路篇》。

[4] 详见《论语·阳货篇》。

[5] 详见《论语·卫灵公篇》。

[6] 详见《论语·雍也篇》。

原文：

司马牛问君子。子曰："君子不忧不惧。"

曰："不忧不惧，斯谓之君子已乎？"子曰："内省不疚，夫何忧何惧？"

注释：

司马牛：孔子学生，姓司马，名耕，字子牛，宋国人。

斯：指示代词，这里指代不忧不惧。

君子：儒门理想的人格形象。有时指"有德者"，有时指"有位者"，这里指"有德者"。

今译：

司马牛向孔子请教怎样才是君子。孔子说："君子不忧愁，也不恐惧。"

司马牛说："不忧愁，不恐惧，这样就可以称得上君子了吗？"孔子说："自我反省没有任何愧疚，那有什么忧愁，有什么恐惧呢？"

疏解：

《论语》中反复出现的"君子"，是孔子心目中理想人格的形象。在《论语》一书中，"君子"一词共出现107次。从开篇的"人不知而不愠，不亦君子乎！"到末篇的"不知命，无以为君子也"，"君子"一词贯穿始终，可以说孔子的教学目的就是培养君子人格。

据现有文献资料记载，"君子"一词最早见于《尚书》，当时是一种尊称，意为居于社会上层的贵族阶层成员，突出的是其"位"。"君子"是当时的"在位者"，即统治阶层成员的通称。而《论语》中的"君子"一词已经突破身份、地位的高贵而增加了道德品质的内涵。孔子继承和发展了前代以来"君子"与道德品行有关联这一点，第一次从修身养性到安邦治国，全面具体地阐释了"君子"的内涵，多方面阐释了其为人处世之道及其道德评判标准。

如同论"孝"、论"仁"一样，孔子针对不同的学生，在不同的语境中，对"君子"一词作了不同的解答。本章司马牛问怎样做才能成为君子，孔子告诉他心常舒泰，无牵累之私，即使忧惧之事到来，也不为之忧，不为之惧。这正是针对司马牛为忧惧所困而发的。"司马牛忧曰：'人皆有兄弟，我独亡。'子夏曰：'商闻之矣：死生由命，富贵在天。君子敬而无失，与人恭而有礼。四海之内皆兄弟也，君子何患乎无兄弟也？'"君子坦荡荡，小人长戚戚。忧惧的根本原因在于心魔所累，这也是孔子在这一章中的重点所在。只有做事敬而无失，与人交往恭而有礼，才能坦坦荡荡，无愧无怍，“内省不疚”。

“人非圣贤，孰能无过？过而能改，善莫大焉。”如果我们能像曾子那样“三省吾身”，像颜回那样“不迁怒，不贰过”，不断提高道德修养和处事能力，就会少犯错误，才能活得舒坦，过得幸福。

生死由命，富贵在天　四海之内皆兄弟

生死由命，富贵在天　死生听从命运，富贵由天安排。

四海之内皆兄弟　四海：代指全天下。皆：全，都。天下人都是兄弟。

原文：

司马牛忧曰：“人皆有兄弟，我独亡。”子夏曰：“商闻之矣：死生有命，富贵在天。君子敬而无失，与人恭而有礼。四海之内，皆兄弟也！君子何患乎无兄弟也？”

注释：

亡：无，没有。

商：孔子学生子夏。姓卜，名商，字子夏。古人对长辈和同辈，自称称名。称呼长辈和同辈用敬辞，没有敬辞的称字。

四海之内：古代疆域的范围。《尔雅·释地》：“东至泰远，西至邠（邠，bīn，古同‘豳’，古地名，在今陕西省旬邑县）国，南至濮（pú）铅，北至于祝栗，谓之四极；觚竹，北户，西王母，日下，谓之四荒；九夷，八狄，七戎，六蛮，谓之四海。”“四海”指的就是夷、狄、戎、蛮，或者说疆域四至到当时的夷、狄、戎、蛮四方。四海的范围其实不大，郭璞注《尔雅》时说，四极就是“四方极远之国”，四荒是“次四极者”，四海是“次四荒者”，其中四海是最小的。四海既然是指的夷狄戎蛮，那么“四海之内”就是夷狄戎蛮四方异族所包围的范围，也就是中国古代统治的疆域范围，亦即我们常说的九州之地。

今译：

司马牛忧愁地说：“别人都有兄弟，只有我没有。”子夏说：“我听说过：死生听从命运，富贵由天安排。君子态度认真而言行没有差错，对人谦恭而行为合乎礼节。普天之下都是兄弟！君子又何必担心没有兄弟呢？”

疏解：

关于司马牛之忧，历来有两种解说，其原因是司马牛的身世问题。据孔子十世孙西汉时期的孔安国说，这司马牛就是《左传》记载的司马牛。据《左传·哀公十四年》记，宋桓氏（宋桓公之后，姓向，桓氏）有兄弟五人，长兄向巢任宋国左师，二兄桓魋为宋国司马，司马牛排行老三，他下面还有两个弟弟子颀和子车。桓魋为人很坏，因谋反被宋景公剿灭，桓氏兄弟四处奔散。其中只有司马牛不赞同他这些兄弟的做法，但结果也逃亡在外，客死他乡。另一种说法，此牛非彼牛。据杨伯峻先生考证，原本就有两个司马牛，一个名耕，孔子弟子；一个名犁，桓魋之弟。自孔安国之后，有人误把名犁的也当做孔子弟子了。

不管哪个"牛"，对我们理解本章的主旨影响不大。子夏宽慰司马牛的主旨是修己在人，命运由天。这与孔子的思想是一脉相承的。我们能把握的是努力提高自身的道德修养和文化水平以及专业技能，并不断精进。至于功名富贵，要受客观条件的制约，并非主观努力就一定能得到，除了坚持不断、持之以恒的艰苦努力，天赋和机遇也是非常重要的。这就是"死生有命，富贵在天"，明白这一点，还有什么忧愁焦虑？

"敬而无失"讲的是做事，"恭而有礼"讲的是为人。持身以敬，始终无渝；待人以恭，无亲疏厚薄。确如孔子告诉子张的"言忠信，行笃敬，虽蛮貊之邦，行矣。言不忠信，行不笃敬，虽州里，行乎哉？"[1] 告诉樊迟的"居处恭，执事敬，与人忠。虽之夷狄，不可弃也"。[2] 恭敬有礼，实处己待人不易之道。

驷不及舌

驷不及舌　一句话说出口，四匹马拉的车也追不回。比喻一句话说出来，再也无法收回，意喻说话应慎重，否则难以收回。

原文：

棘子成曰："君子质而已矣，何以文为？"子贡曰："惜乎，夫子之说

---

[1] 详见《论语·卫灵公篇》。

[2] 详见《论语·子路篇》。

君子也！驷不及舌。文犹质也，质犹文也。虎豹之鞟犹犬羊之鞟。”

注释：

棘子成：卫国大夫。古代大夫都可以被尊称为“夫子”，所以子贡这样称呼他。

何以文为：何以，即以何，在古汉语里除了表示，“用什么”，还表示“为什么”，尤其是在语气较强的诘问句里。这里是“为什么”的意思。为，语气词。“何以文为”，即为什么还要文饰呢。

惜乎，夫子之说君子也：“夫子之说君子也”是主语，“惜乎”是谓语。把谓语放在主语前，是为了强调谓语。

驷不及舌：驷，四匹马。古代用四马拉车，故称四马为驷。舌，指说的话。一言既出，即使四马骏足也追不上。

鞟：读 kuò。皮革。

今译：

棘子成说：“君子只要本质好就行了，为什么还要文饰呢？”子贡说：“您这样谈论君子，可惜说错了。一言既出，驷马难追。本质和文饰一样重要，假若去掉毛，那么虎豹的皮革和犬羊的皮革就一样了。”

疏解：

春秋末年，卿大夫阶层尚文饰，虚华浮夸。棘子成对此质疑，认为人们应该重视内在的“质”，而不应该追求表面的“文”。这种观点在当时背景下，有一定的积极意义，但有矫枉过正之嫌。子贡用两个比喻对此进行了反驳，一是“驷不及舌”来说明君子说话当谨慎，否则犹如覆水难收。二是以“虎豹之鞟犹犬羊之鞟”为喻说明“文”“质”互为表里，不可偏废。孔子曾就“文”“质”关系作了精辟论述，他说：“志有之，‘言以忠志，文以足言，不言谁知其志？言之无文行而不远。’慎辞哉。”意思是说，古书上曾记载：言论是用来表达志节的，文法修辞是用来表达言论的。假如不发言论，谁又能知道他的志节呢？假如言论没有文辞的修饰辅助，又怎么可能久远流传呢？“质胜文则野，文胜质则史。文质彬彬，然后君子”[1]，并指出了达成君子的路径是“博文约礼”。

孔门一贯崇尚谨言，倡导“讷言敏行”[2]，《诗经·大雅·抑篇》里以“白圭之玷，尚可磨也；斯言之玷，不可为也”来警示人们当修德谨言。

---

[1] 详见《论语·雍也篇》。

[2] 详见《论语·里仁篇》。

成人之美

成人之美　成全别人的好事，也指帮助别人达成美好的愿望。

《春秋穀梁传》有“《春秋》成人之美，不成人之恶”之语，“成人之美”应为先秦时俗语。

原文：

子曰：“君子成人之美，不成人之恶。小人反是。”

注释：

成：成全，成就。朱熹《论语集注》：“成者，诱掖奖劝，以成其事也。”

小人：君子的反义词，《论语》里有时从社会地位说，指庶人、平民百姓；有时从人品讲，指喜欢做些搬弄是非、挑拨离间、隔岸观火、落井下石之类的人。这里指人品。

今译：

孔子说：“君子成全别人的好事，不促成别人的坏事。小人则相反。”

疏解：

“成人之美，不成人之恶”是当时成语。刘宝楠《论语正义》：“《穀梁·隐公元年》：‘《春秋》成人之美，不成人之恶。’”这与其“己欲立而立人，己欲达而达人”的仁道精神是一以贯之的。成人之美的本质是帮助其去恶图善，诱掖奖劝其修德广业，有所成就。

学习这一章，可结合《论语·子路篇》里孔子说的一段话来理解。孔子说：“在君子底下工作很容易，讨他的喜欢却难。不用正当的方式去讨他的喜欢，他不会喜欢的；等到他使用人的时候，却衡量各人的才德去分配任务。在小人底下工作很难，讨他的喜欢却容易。用不正当的方式去讨他的喜欢，他会喜欢的；等到他使用人的时候，便会百般挑剔，求全责备。”

《大戴礼·曾子立事篇》：“君子己善，亦乐人之善也；己能，亦乐人之能也。君子不说人之过，成人之美，存往者，在来者，朝有过夕改则与之，夕有过朝改则与之。”

察言观色

察言观色 留意、察看别人的语言和脸色。多指揣摩别人的心意。

原文：

子张问："士何如斯可谓之达矣？"子曰："何哉，尔所谓达者？"子张对曰："在邦必闻，在家必闻。"子曰："是闻也，非达也。夫达也者，质直而好义，察言而观色，虑以下人。在邦必达，在家必达。夫闻也者，色取仁而行违，居之不疑。在邦必闻，在家必闻。"

注释：

士：这里指读书人。

达：通达。

质直而好义：（品质）朴实正直，（为人处世）讲理。

虑以下人：虑，考虑，这里是想到。常常想到谦虚退让。

闻：出名，有名望。

今译：

子张问孔子："读书人要怎样做才可以叫达了？"孔子说："你所说的达是什么意思？"子张回答说："在诸侯之国做官一定有名望，在卿大夫之家任职一定有名望。"孔子说："这叫有名望，不叫通达。通达，是为人质朴正直，做事合宜讲理，善于分析别人的言语，观察别人的神色，心存敬畏，谦逊自处。这种人，在诸侯之国做官一定事事行得通，在卿大夫之家任职一定事事行得通。至于有名望，表面上似乎爱好仁德，实际行为却不是这样的，可是自己竟以仁者自居而毫不疑惑。这种人在诸侯之国做官一定有名，在卿大夫之家任职也一定有名。"

疏解：

这一章的关键是"达"与"闻"的内涵与区别，核心是其诚伪之分。一是切实提升自身的仁德修养，二是专于务外。差之毫厘，谬以千里。达即是为人质朴正直，做事合于道义；心存敬畏，常思谦抑退让。通于处人、处己之道，故行事无所窒碍，所谓“忠信笃敬，蛮貊可行”。闻即是不思务实而专务求名。表面上似乎爱好仁德，实际行为却多违忤（忤，wǔ，违反，抵触），却在声音笑貌间矫情粉饰，可是自己竟以仁者自居而毫不疑惑，无所忌惮，泰然自若。欺世盗名，真伪莫辨。确如宋代朱熹《论语集注》：“闻与达相似而不同，乃诚伪之所以分。”

《大戴礼·曾子制言上》：弟子问曾子“读书人怎样做才能通达?”曾子说：“不能则学，疑则问，欲行则比贤，虽有险道，循行达矣。”此即孔子之“学而时习之”、“不耻下问”、“见贤思齐焉”。如此，才能修德广业，不为利而利归，不为名而名至。

以文会友

以文会友 指通过文字来结交朋友。

原文：

曾子曰：“君子以文会友，以友辅仁。”

注释：

文：指文章、学问等。

仁：这里指仁德。

今译：

曾子说：“君子以文章、学问等来与朋友相聚，以朋友来帮助自己培养仁德。”

疏解：

这一章，曾子讲学习与修身之道。“以文会友”正与孔子所说“有朋自远方来，不亦乐乎?”一脉相承。《礼记·学记》：“独学而无友，则孤陋而寡闻。”“以友辅仁”又将学习与修身结合起来。《说苑·说业篇》：“贤师良友在其侧，《诗》《书》《礼》《乐》陈于前，弃而为不善者鲜矣。”

《孔子家语·六本》记载了孔子与曾子谈的一席话。孔子说：“我死之后，卜商会越来越进步，而端木赐会越来越退步。”因为“卜商喜欢与比自己贤能的人相处，而端木赐喜欢谈论那些不如自己的人。”所以说：“与善人居，如入芝兰之室，久而不闻其香，即与之化矣；与不善人居，如入鲍鱼之肆（肆，店铺），久而不闻其臭，亦与之化矣。丹（丹，朱砂）之所藏者赤，漆之所藏者黑。是以君子必慎其所与处者焉。”这是人们常说的近朱者赤，近墨者黑。孔子讲“有益的朋友三种，有害的朋友三种。同正直的人交朋友，同诚实的人交朋友，同见闻广博的人交朋友，便有益了。同谄媚奉承的人交朋友，同当面恭维背后毁谤的人交朋友，同夸夸其谈的人交朋友，便有害了。”[1] 志同道合，方能以友辅仁。

[1] 详见《论语·季氏篇》。

十三 子路篇

名正言顺　手足无措

名正言顺　名，名分，名义，顺，合理、顺当。原指名分正当，说话合理。后多指做某事名义正当，道理也说得通。

手足无措　措，放，安置。手脚都没有地方放。比喻动辄得咎，不知所措。也用以形容慌张得不知如何是好。

原文：

子路曰："卫君待子而为政，子将奚先？"子曰："必也正名乎！"子路曰："有是哉，子之迂也！奚其正？"子曰："野哉，由也！君子于其所不知，盖阙如也。名不正，则言不顺；言不顺，则事不成；事不成，则礼乐不兴；礼乐不兴，则刑罚不中；刑罚不中，则民无所错手足。故君子名之必可言也，言之必可行也。君子于其言，无所苟而已矣。"

注释：

卫君：指卫出公。姬姓，卫氏，名辄，谥号为出，史称卫出公，春秋末年卫国国君。

待子：待，本义为等待、等候，引申为依靠。子，对人的尊称。待子，依靠您。

名：名义，名分。这里指的是有关伦理和政治的名分。

奚：疑问代词。"子将奚先"的"奚"可译为"什么"，"奚其正"的"奚"可译为"为什么"。

迂：本义为曲折、绕远，引申为不切实际、不合时宜。

野：《论语义疏》孔安国："野犹不达。"即不通事理。

盖阙如也：盖，句首语气词。阙，读 quē，通"缺"，空缺，引申为放置在一边、搁置。全句译为放置在一边不说。

错：同"措"，安置。

苟：苟且，不严肃。

今译：

子路问孔子："卫君依靠您去治理国政，你准备先做什么？"孔子说："一定是让名分正当罢！"子路说："您太不切合实际了！为什么要正名呢？"孔子说："你真不通事理啊！君子对他不懂的，应该保留不说。名分不正，言语就不顺当；言语不顺当，公务就办不成；公务办不成，国家的礼乐制度就举办不起来；礼乐制度举办不起来，刑罚就不会恰当；刑罚不恰当，老百姓就惶惶然不知所措了。所以君子定下一种名分，一定要让它可以说得顺当；而顺理成章的话也一定行得通。君子对于自己的言论，没有一丝不严肃。"

疏解：

据《史记·孔子世家》记载，孔子与子路这一段对话发生在鲁哀公七年（前488），也是孔子自楚返卫第二年。孔子弟子多在卫国任职，卫君也想得到孔子的辅助，故有子路这一问。学习这一章，可结合《论语·述而篇》中的"夫子为卫君乎"一章来理解。子路和冉有提的问题不同，孔子的回答明确地表述了自己的观点，若卫君用他治理国政必定先"正名"。体现了孔子的施政理念和行政路径，从"正名"起，落脚点在社会的有序和谐。

当时卫君是卫出公辄（读 zhé）。辄是卫灵公之孙，太子蒯聩（蒯，读 kuǎi。聩，读 kuì）之子。太子蒯聩得罪了卫灵公的夫人南子，逃到晋国。灵公死，立辄为卫君。此时流亡在外的太子蒯聩在晋国国卿赵鞅的护送下，也匆匆赶回卫国争夺权位。在孔子的政治思想中，维持君臣父子名分是为政第一要务。齐景公向他请教为政要务，他脱口回答："君君，臣臣，父父，子子。"[1] 子路问他"子将奚先"，他仍然强调"必也正名乎！"孔子认为，蒯聩是卫灵公的儿子，原本是名正言顺的卫国太子，现在却流亡在外不得立；卫出公辄是蒯聩的儿子，他不仅剥夺了其父原卫太子的合法继承权，还借助齐国军力来围攻其父暂居的戚邑。"王道不外彝伦，而家人莫重于父子。""治国者，不正一家父子之名，而欲正一国之父子，无诸己而求诸人，则一己多忌讳之私，而事亦阻窒而不成矣。"[2] 此后十余年间，这对父子为了争夺君位，骨肉相残。应验了孔子当日"必也正名"之说。

在这一章中，孔子对子路的教育有二：一是君子对于自己所不懂的，应采取保

[1] 详见《论语·颜渊篇》。
[2] 清·黄式三《论语后案》。

留态度。这一观点在其弟子子张请教做官得俸禄的方法时，孔子作了详细的阐述："多听，有怀疑的地方加以保留，其余足以自信的部分谨慎地说出，就能减少错误。多看，有怀疑的地方加以保留，其余足以自信的部分谨慎地实行，就能减少懊悔。语言的错误少，行动的懊悔少，官职俸禄就在这里面了。"[1] 二是"正名"之说。这一章思路清晰，逻辑严密，几个环节环环紧扣，是孔子礼制思想的重要内容。

一言兴邦

一言兴邦　邦，国家。一句话可以使国家兴盛。形容一句话可以影响大局。

原文：

定公问："一言而可以兴邦，有诸?"孔子对曰："言不可以若是，其几也，人之言曰：'为君难，为臣不易。'如知为君之难也，不几乎一言而兴邦乎?"

曰："一言而丧邦，有诸?"孔子对曰："言不可以若是，其几也，人之言曰：'予无乐乎为君，唯其言而莫予违也。'如其言善而莫之违也，不亦善乎？如不善而莫之违也，不几乎一言而丧邦乎?"

注释：

定公：姬姓，名宋，谥号为定。鲁襄公之庶子，鲁昭公之弟，继鲁昭公为鲁国国君，在位十五年，史称鲁定公。

一言：一句话。

诸：相当于"之乎"，之，代词，这里指代"一言而可以兴邦"。乎，是疑问语气词，相当于"吗"。

其几也：几，近。王若虚《论语辩惑》："'其几也'三字，自为一句。一言得失，何遽（遽，jù，迅速，急速）至于兴丧？然有近之者。"

今译：

鲁定公问孔子："一句话能兴盛国家，有这事吗?"孔子回答说："话不可以说

[1]《论语·为政篇》："子张学干禄。子曰：'多闻阙疑，慎言其余，则寡尤；多见阙殆，慎行其余，则寡悔。言寡尤，行寡悔，禄在其中矣。'"

得这样绝对，大概有接近的说法。人们有一句话说：‘做国君很难，做大臣也不容易。’假若知道做国君的艰难，（自然会谨慎认真地工作）不近于一句话便兴盛国家吗?”

鲁定公又问：“一句话可以丧失国家，有这事吗?”孔子回答说：“话不可以说得这样绝对，大概有接近的说法。人们有一句话说：‘我做国君没有别的快乐，只是我说什么话都没有人违抗我。’假若说的话正确而没有人违抗，不也好吗？假若说的话不正确而也没有人违抗，不近于一句话便丧失国家了吗?”

疏解：

鲁定公在位期间，孔子的政治主张和为政理念得到了鲁定公的认可。孔子先后任中都宰、司空、大司寇兼摄相事。鲁定公对孔子非常尊重，经常向孔子请教为政问题。《论语》有两次记载他们的谈话，除“一言可以兴邦”、“一言可以丧邦”这次外，在《论语·八佾篇》里记载：“定公问：‘君使臣，臣事君，如之何?’孔子对曰：‘君使臣以礼，臣事君以忠。’”谈的都是君臣之道。体现了孔子维护礼制秩序，加强道德修养等施政理念。

在孔子的辅助下，鲁定公在位期间干了两件大事：一是“夹谷会盟”，二是“堕三都”。[1] 所谓“夹谷会盟”，是鲁定公十年（前500），齐景公和晏婴想和近邻鲁国等中原诸侯联合起来，共同对付吴国的威胁，恢复齐桓公的霸业，齐景公邀鲁定公在齐鲁交界的夹谷会盟。孔子作为鲁定公的相礼出席了会盟。这次会盟，孔子以一个外交家的卓越才华，坚持有理、有利、有节的斗争，使鲁国取得了一次重大的外交胜利。“堕（堕，huī，通“隳”，意为毁坏城墙）三都”。周朝有一条规定，贵族诸侯的城墙不得超过18尺。但是，生活在公元前六世纪末的诸侯国鲁国中的三位国相“三桓”（季孙氏、孟孙氏、叔孙氏）掌控国家大势，不理这条规定。三桓分别筑有城邑作为统治中心。季孙氏筑城于费（今山东费县西北），孟孙氏筑城于郕（郕，chéng，今山东宁阳东北），叔孙氏筑城于郈（郈，hòu，今山东东平东南）。为了削弱三桓势力，加强鲁君统治，在孔子的倡导下，鲁定公十二年（前498），开始了“隳三都”行动，也就是推掉三桓家里多出18尺的部分。叔孙氏因家臣侯犯曾依据郈邑叛乱，将郈的城隳毁。季孙氏将隳费城，公山不狃从费起兵袭击国都，被司寇孔子派兵打败，于是费城又隳毁。只有孟孙氏认为郕是他的保障，

[1] 详见《左传·定公十年》《左传·定公十二年》。

不愿隳毁。堕三都行动就此半途而废，孔子不得不中断仕途和救国理想，与弟子们踏上了周游列国的道路。

这一章，鲁定公向孔子问了两个问题，即“有没有‘一句话能兴盛国家’，‘一句话能丧失国家’这事?”这实际上是一个问题的两个方面。国之兴衰，一定是由于积渐。《易》云：“善不积不足以成名，恶不积不足以灭身。”如国君能知做国君的难，不敢自逸自恣，战战兢兢，如临深渊，如履薄冰，没有一件事敢疏忽，自强不息，岂不近于一句话而兴盛国家？如果国君自以为是，以其言莫敢违为乐。如果说的话正确，没有违背的，再好不过了；如果说的不对，而没有敢违抗的，岂不近于一句话丧失国家？

同样道理，我们做人做事，心知世事艰难，心存敬畏，凡事谨言慎行，兢兢业业，而不是自以为是，自我封闭，方能取得成功。

欲速不达

欲速不达　想要快速，反而不能达到目的。

原文：

子夏为莒父宰，问政。子曰：“无欲速，无见小利。欲速，则不达；见小利，则大事不成。”

注释：

莒父：莒，读jǔ。鲁国之一邑，今已不能确知其所在。一说在今山东省高密县东南，一说在今莒县。

宰：这里指邑宰，即一邑的长官。

今译：

子夏当了莒父县的县长，向孔子请教执政理念。孔子告诉他：“不要图快，不要顾小利。图快，反而达不到目标；顾小利，就办不成大事。”

疏解：

宰作为官名，始置于殷商，原掌管家务与奴隶，后为侍从君王左右的臣。西周沿置，掌王室内外事务，又在王左右参预政务。春秋时各国均设置，多称为“太宰”。太宰为朝廷大臣，总管内朝事务和财务。卿、大夫的家臣也称“宰”，如仲弓为季氏宰，子思为孔子宰。地方县邑长官亦称“宰”，如子游为武城宰，子夏为莒父宰。武城，莒父是公邑。卿大夫有总管家的宰，更有掌管私邑的宰，如公山不狃为季氏私邑费邑宰。

《论语》一书记载孔子为政之道的谈话有19条，其中有同国君谈的，有同卿大夫谈的，有同门人弟子谈的。谈话对象的身份不同，所提问题的角度不同，孔子也有不同的解答，有的是从顶层设计谈的，有的是从具体实施层面讲的，但都体现了他的民本思想和依礼治国的政治理念。

子夏将做莒父的一县之长，向老师请教为政之道。孔子针对当时官员为政的弊端，一是凡事都想立竿见影，遽责其效；二是只顾眼前，拘泥于浅近而昧于远大。告诫子夏为政必循序渐进，不可图快，图快则急遽失序，反而不达。为政必须着眼于长远，不可图眼前浅近之利，见当前之小利则反失其大。后来子夏也说：“虽小道，必有可观者焉；致远恐泥，是以君子不为也。”[1] 恐怕是受教后的心得。

清代李光地《论语札记》：“欲速者心之躁，见小利者心之私，二者有阴阳之不同，而其病亦相因。凡大事未有速成者，故欲速者其见必小。心存于久远，则不为利动，故见小利者恒由于欲速。”其实不只为政，凡事亦然。当然大与小、快与慢是相对的、辩证的，“君子之于天下，无适也，无莫也，义与之比。”[2] 只要眼界宽阔，格局宏大，着眼长远，快慢、大小皆应从实际出发。

言必信，行必果　斗筲之人

言必信，行必果　现在的意思是做人要诚实守信，言行一致，说到做到。是褒义成语。
斗筲之人　斗是古代的量名。筲，读shāo，古代的饭筐，能容五升。“斗筲”典籍中通常指财物的短少。现常形容人的气量狭小，见识短浅。

原文：

子贡问曰：“何如斯可谓之士矣？”子曰：“行己有耻，使于四方，不

[1] 详见《论语·子张篇》。
[2] 详见《论语·里仁篇》。

辱君命，可谓士矣。”

曰：“敢问其次。”曰：“宗族称孝焉，乡党称弟焉。”

曰：“敢问其次。”曰：“言必信，行必果，硁硁然小人哉！抑亦可以为次矣。”

曰：“今之从政者何如？”子曰：“噫！斗筲之人，何足算也！”

注释：

士：这里指从政的人。

乡党：指乡里，家乡。古代五百家为党，一万二千五百家为乡，合而称乡党。

弟：通“悌”，敬爱兄长。

硁硁然：硁，读 kēng。硁硁然，形容浅薄固执的样子。

噫：叹声，心有所不足，故不能平。

斗筲之人：这里比喻度量狭小和见识短浅的人。

今译：

子贡向孔子请教：“怎样做才能称为‘士’？”孔子说：“自己行为保持羞耻之心，出使外国，很好地完成国君的使命，可以叫做‘士’了。”

子贡问：“斗胆地请教次一等的。”孔子说：“宗族称赞他孝顺父母，乡里称赞他敬爱兄长。”

子贡又问：“斗胆地请教再次一等的。”孔子说：“语言一定信实，行为一定坚决，这是不问是非黑白而只管落实自己言行的小人呀！但也可以说是再次一等的‘士’了。”

子贡问：“现在执政的卿大夫怎么样？”孔子说：“咳！这班器识狭小的人算得什么！”

疏解：

这一章以孔子和子贡师徒俩的问答，回答了怎样做才算一个合格的官员。孔子给出的答案是，一个合格的官员应该是德才兼备的。官员的行为以道义为基本准则，凡不合道义之事皆耻而不为。羞耻之心即是非之心，是做人做事的根本。同时能够圆满完成上司交办的任务，不辱使命。其次一等的，在德才不能兼顾的情况下，以德为重。孝敬父母，尊敬兄长，受到宗族乡里的称赞，这样的官员虽才不及，而大节无亏。再次一等的是知道言语贵诚信，未必合理也必践行；知道行动宜果断，未必合理也必果断地做。虽属拘泥固守小人之见，却远胜于攫取势利、贪恋禄位、器量狭小的人。

“信”是孔子学说中的一个重要组成部分，他说“能行五者于天下为仁矣”[1]五者之中就有“信”。主张君子“主忠信”。他说：“人而无信，不知其可也。大车无輗，小车无軏，其何以行之哉?”[2] 这里怎么说“言必信，行必果，硁硁然小人哉”呢？我们可结合孔子与弟子子贡的一段对话来理解。子贡说：“管仲不是个仁者吧？桓公杀掉公子纠，管仲作为公子纠的辅助者，不能向另一个辅助者召忽那样以身殉难，还去辅相桓公。”孔子说：“管仲辅相桓公，称霸诸侯，使天下得到匡正，人民至今还受到他的好处。假如没有管仲，我们都会披散着头发，衣襟向左边开，沦为落后民族了。他难道要像普通老百姓那样守着小节小信，在山沟里自杀，还没有人知道的吗?”[3] 这里就有个“义”与“信”的关系问题。在大是大非面前，一切以义为准绳。确如孔子所说的：“君子之于天下也，无适也，无莫也，义与之比。”[4]

和而不同

和而不同 和睦相处，但不盲从苟同。

原文：

子曰：“君子和而不同，小人同而不和。”

今译：

孔子说：“君子和睦相让，但不盲从苟同。小人只是盲从苟同，却不肯表达自己的不同意见、做法。”

---

[1] 《论语·阳货篇》：“子张问仁于孔子。孔子曰：‘能行五者于天下为仁矣。’‘请问之。’曰：‘恭，宽，信，敏，惠。恭则不侮，宽则得众，信则人任焉，敏则有功，惠则足以使人。’”

[2] 详见《论语·为政篇》。

[3] 《论语·宪问篇》：“子贡曰：‘管仲非仁者与？桓公杀公子纠，不能死，又相之。’子曰：‘管仲相桓公，霸诸侯，一匡天下，民到于今受其赐。微管仲，吾其被发左衽矣。岂若匹夫匹妇之为谅也，自经于沟渎而莫之知也？’”

[4] 详见《论语·里仁篇》。

疏解：

这一章的难点在“和”与“同”的区别。“和”和“同”是春秋时期的两个常用词语，我们可从《左传·昭公二十年》晏子与齐景公的一段对话来理解。一天，齐景公与晏子在遄（chuán）台聊天。齐景公认为他和梁丘据关系最和谐，晏子却说梁丘据只是附和他而已，不能说是和谐。晏子以厨师做羹汤、乐师演奏音乐为例，向景公说明了“和”与“同”的区别。认为好的羹汤必须是水里加上各种调料和鱼肉，味道太淡，则增加各种调味品；味道太重，则加水以减其味，使羹汤恰到好处。和谐的音乐也是如此，必须由各种乐器演奏、乐音相互作用产生的。同样的道理，和谐的君臣关系并不是君主说什么臣子只是随声附和，而是君主认为可行的，臣子指出其中的不可行；君主认为不可行的，而臣子指出其中可行的，这就是和。而“同”是君主说是，臣子也说是；君主说非，臣子也说非。和因义起，同由利生。

学习这一章，可结合“君子周而不比，小人比而不周”一章来比较理解。它们的相同之处是君子、小人心术不同，故待人处世各异。君子出于公心，能够与他人互相尊敬，齐心协力地工作，绝无乖戾（guāi　lì）之心。既不以势欺人，也不为利相害。小人则一心为私利，或曲意迎合，或结党营私。得势时，则挟势相倾；为了利，则争利相害。不同之处是，“和”侧重在“长善救失”，“周”侧重在普遍地团结，一视同仁，不偏袒。“同”侧重于曲意迎合，“比”侧重在结党营私。

十四

宪问篇

见利思义 见危授命

见利思义 是指见到利益，应首先想一想符不符合道义。该取的可以取，不该取的不应据为已有，即义然后利。

见危授命 在危急关头勇于献出自己的生命。

原文：

子路问成人。子曰："若臧武仲之知，公绰之不欲，卞庄子之勇，冉求之艺，文之以礼乐，亦可以为成人矣。"曰："今之成人者何必然？见利思义，见危授命，久要不忘平生之言，亦可以为成人矣。"

注释：

成人：完美的人。《左传·昭公二十五年》："故人之能自曲直以赴礼者，谓之成人。"

臧武仲：臧武仲，春秋时期鲁国大夫。名纥（hé），谥号为武，故称臧武仲或臧孙纥。

知：通"智"，聪明智慧。

公绰：春秋时期鲁国大夫。姬姓，孟孙氏，名绰或公绰，大约生活在鲁襄公时期。

卞庄子：春秋时期鲁国卞邑（今山东泗水县东五十里）大夫，"庄"是他谥号。

授命：献出自己的生命。

久要不忘平生之言：要，"约"的借字，穷困。平生，犹言平时。长久地处于穷困的时候也不忘记平时的诺言。

今译：

子路问孔子怎么样才算完美的人。孔子说："像臧武仲那样明智，像孟公绰那样淡泊无欲，像卞庄子那样勇敢，像冉求那样多才多艺，再用礼乐来提高修养，可以说是完美的人了。"孔子又说："现在完美的人何必这样？见到利益能够想到该得不该得，在危急关头勇于献出自己的生命，长期处于穷困而不忘记平时许下的诺言，也可以算是完美的人了。"

疏解：

孔子在这里首先谈了完美的人应具备的品格才能，即智、廉、勇、艺，加之以礼乐。并列举臧武仲、孟公绰、卞庄子以及弟子冉求这些当时鲁国的知名人物，各举其长，加以说明。臧武仲在鲁成公、襄公时任司寇，主掌刑狱。藏武仲对礼仪规制非常熟悉，处理邦国外交事务和国内事务游刃有余，史书中有许多相关记载。臧武仲政治立场倾向鲁君，与季氏集团矛盾激烈，最后不得不避走齐国。孔子评价说：臧武仲如此明智，还不能够被鲁国容纳，也是有原因的，他所做没有顺从事理，施行起来不合仁爱之道。《夏书》里说，想着这里，就一心扑在这里，一切要顺从事理，合乎仁爱之道。[1] 孟公绰为人静心寡欲，清正廉洁。卞庄子是当时非常有名的勇士，能够徒手搏击猛虎。《荀子·大略篇》说："齐人欲伐鲁，忌卞庄子，不敢过卞。"冉求是孔子学生，孔子认为他多才多艺，当一个"千室之邑"、"百乘之家"的家宰绰绰有余，将他归为"政事"类优秀生。孔子十分重视"礼乐"在人的修养中的重要作用。他说："不学礼，无以立。""恭而无礼则劳，慎而无礼则葸，勇而无礼则乱，直而无礼则绞。"[2] 故而一个德才兼备的人，要以礼节之，以乐和之，才能成为一个完美之人。成为完美的人，是我们人格修养、能力提升不懈追求的目标。

就当时之社会风气，孔子另外从忠信角度谈了完美之人应具备的品质，即见利思义，临财毋苟得。该取的可以取，不该取的不应据为己有，亦即"义然后取，人不厌其取"。见危授命，临难毋苟免。在国家和民族遭受危难之际，不惜牺牲自己的生命，如《易经》所言"君子以致命遂志"。长期处于穷困而不忘记平时许下的诺言。对完美的人的要求，孔子提出了普通大众应该做到的"忠信"二字，以见孔子之期许人人都应成为一个大写的人。

---

[1] 请参阅《左传·襄公二十三年》和《孔子家语·颜回第十八》："知之难也。有臧武仲之知，而不容于鲁国，抑有由也。作不顺而施不恕也。《夏书》曰：'念兹在兹。'顺事恕施也。"

[2] 详见《论语·泰伯篇》。

言过其行

言过其行　语言超过行动。即说得多，做得少。

原文：

子曰："君子耻其言而过其行。"

注释：

耻：耻辱。这里是意动用法，即以……为耻辱。

今译：

孔子说："君子以说的超过做的为耻辱。"

疏解：

孔门特别强调言行一致，言必由衷。并把它上升到道德范畴，概括为"信"。在《论语》的记载中，孔子多次谈到慎言敏行。他说君子做事要勤快，说话要谨慎。[1] 对于要说的话，先实行了，再说出来。[2]《易·系辞传下》所言："吉人之辞寡，躁人之辞多。"所有这些说法，意思都是要求言行一致，言而有信。

夸夸其谈，言过其实，十有八九成事不足，败事有余。历史上有两个著名的"纸上谈兵"的案例，一个是战国时期，赵国大将赵奢的儿子赵括，从小熟读兵书，张口爱谈军事，别人往往说不过他。因此很骄傲，自以为天下无敌。然而赵奢却很替他担忧，认为他不过是纸上谈兵，并且说："将来赵国不用他为将则罢，如果用他为将，他一定会使赵军遭受失败。"公元前259年，秦军犯赵，赵军在长平（今山西高平县附近）抗敌，赵王派赵括替代了廉颇。赵括自认为很会打仗，到长平后改变了廉颇的作战方案，结果四十多万赵军尽被歼灭，他自己也被秦军箭射身亡。[3] 另一个是三国时期蜀中将领马谡。诸葛亮派遣马谡镇守要塞街亭，马谡不听

---

[1]《论语·学而篇》："子曰：'君子食无求饱，居无求安，敏于事而慎于言，就有道而正焉，可谓好学也已。'"

[2]《论语·为政篇》："子贡问君子。子曰：'先行，其言而后从之。'"

[3] 请参阅《史记·廉颇蔺相如列传》。

王平之言，坚持在山顶下寨，导致蜀军惨败。马谡是诸葛亮非常欣赏的一个将才，马谡的军事见解确实也不一般，但有点“纸上谈兵”，导致街亭失守。[1] 言过其实，从小处讲不仅是对自己诚信的损失，也是对所承诺人自尊心的创伤；从大处讲，不仅害己，对事业也是严重损害。

以德报怨

以德报怨 德，恩惠。怨，仇恨。用恩惠来报答别人对自己的仇恨。

原文：

或曰：“以德报怨，何如？”子曰：“何以报德？以直报怨，以德报德。”

注释：

以直报怨：直，正直无私。朱熹《论语集注》：“于其所怨者，爱憎取舍，一以至公而无私，所谓直也。”以直报怨，用公平正直来回答仇恨。

今译：

有人问孔子说：“拿恩惠来报答仇恨，怎么样？”孔子说：“拿什么来报答恩惠呢？用公平正直回答仇恨，拿恩惠来报答恩惠。”

疏解：

《老子·七十九章》说：“和大怨，必有余怨；报怨以德，安可以为善？”老子的意思同孔子的一致，调解深重的怨恨，必然还有余留的怨恨；用恩惠来报答怨恨，这怎能算是妥善的办法呢？

从个体角度看，诚如清代吴嘉宾所言：“怨期于忘之，德期于不忘。故报怨者曰‘以直’，欲其心之无余怨也。报德者曰‘以德’，欲其心之有余德也。”从社会角度看，只有“以德报德”、“以直报怨”，才能褒奖正义，打击邪恶，倡导助人为乐的良好社会风尚。故而《礼记·表记》中有“以德报德，则民有所劝；以直报怨，则民有所惩”之说。

---

[1] 请参阅《三国志》。

怨天尤人

怨天尤人　天，天命，命运；尤，读 yóu，指责，归咎。指遇到挫折或出了问题，一味报怨命运，责怪别人。

原文：

子曰："莫我知也夫！"子贡曰："何为其莫知子也？"子曰："不怨天，不尤人，下学而上达。知我者其天乎！"

注释：

下学上达：达，通的意思。下学，犹言学习典籍，习练世事。上达，犹言通于道德仁义。《论语·宪问篇》："子曰：'君子上达，小人下达。'"邢昺疏："本为上，谓德义也。末为下，谓财利也。言君子达于德义，小人达于财利。"另一说上达为达天命。皇侃《论语义疏》："下学，学人事；上达，达天命。我既学人事，人事有否有泰，故不尤人。上达天命，天命有穷有通，故我不怨天也。"

今译：

孔子感叹说："没有人了解我呀！"子贡问："为什么他们不了解先生呢？"孔子说："不怨恨天，不责怪人，广泛学习世间知识，透彻领悟深奥的道理。了解我的，大概只有天吧！"

疏解：

据《史记·孔子世家》记载，鲁哀公十四年，颜渊去世。这一年在鲁国西面打猎看到麒麟，孔子发出了"我的学说到头了""没有人能理解我了"的感叹。子贡问"为什么说没有人理解先生呢？"孔子没有直接回答这一问题。我们读《史记·孔子世家》和《论语》，可以清楚地看到问题的答案。颜渊是孔子最得意的弟子，他不仅勤奋好学，日有所进，而且悟性极高，闻一知十，道德修养也已达到"其心三月不违仁"的境界，[1] 所以孔子对他极为赏识，把他列为德行之首，引为知己，作为其衣钵继承人。遗憾的是颜渊命运多舛（舛，chuǎn，违背，不相合），早年夭

[1]《论语·雍也篇》："子曰：'回也，其心三月不违仁，其余则日月至焉而已矣。'"

折，令孔子悲恸不已，连呼“咳！老天爷要我的命呀！老天爷要我的命呀！”“我不为这样的人伤心，还为什么人伤心呢！”[1] 同年，孔子年已七十一岁，终其一生除在鲁国担任过五年的卿大夫外，尽管他周游列国，宣扬其政治理想和治国理念，终不被诸侯国君所理解，不为所用。颜渊之死和不为诸侯所用，这大概是“没有人了解我”的千古一叹所在。

孔子终其一生，不抱怨上天，也不怪罪别人，“人不知而不愠”，始终以一种自强不息的精神坚守自己的理想信念，矢志不渝。“学而不厌，诲人不倦”，“祖述尧舜，宪章文武”[2]，让中华文明得以传承。孔子虽没有文武之位，但他在德行上的成就，中华文明的传承上，可以配天地、育万物。

人生需要梦想，人生应有理想信念，并为之而自强不息。其中“永不抱怨”既是一种心态，一种境界，也是成功的基本前提。人生最大的遗憾是没有梦想，最大的困难是无法战胜自己，常常处于一种怨天尤人的心理困境之中。

[1] 《论语·先进篇》：“颜渊死。子曰：‘噫！天丧予！天丧予！’”
[2] 详见《中庸》。

十五 卫灵公篇

无为而治

无为而治　原指治理国家主要以道德力量来感化人民，而不是以繁刑重罚使人归服。后泛指不是用行政措施而是因势利导地处理问题。

原文：

子曰："无为而治者其舜也与？夫何为哉？恭己正南面而已矣。"

注释：

舜：中国历史传说中的"五帝"之一，是继唐尧之后的一位杰出的中原地区部落联盟首领，姓姚，名重华，字都君，谥号为舜，因国名为虞，故史称虞舜或帝舜。

恭己正南面：恭己，使自己端庄恭敬。正南面，古代坐北向南是正位，一般为尊者之位，也是君主之位，这里以座位指代君主。指履行一个君主应该履行的职责。

今译：

孔子说："不必劳苦奔波而使天下大治的人，大概是舜吧？他做了什么呢？只是以端庄恭敬的态度坐在王位上罢了。"

疏解：

舜（约前2287—前2067）是中国上古时代父系氏族社会后期部落联盟首领，建立虞国，治都蒲阪（今山西永济市）。他是中华民族的共同始祖，不仅是中华道德的创始人之一，而且是华夏文明的重要奠基人。

舜最大的功绩之一是在国家组织构架上的改革创新。原已举用的大禹、皋陶、契、弃、伯夷、夔（kuí）、龙、垂、益等人，他们的职责都不明确。舜就命禹担任司空，治理水土；命弃担任后稷，掌管农业；命契担任司徒，推行教化；命皋陶担任"士"，执掌刑法；命垂担任"共工"，掌管百工；命益担任"虞"，掌管山林；命伯夷担任"秩宗"，主持礼仪；命夔为乐官，掌管音乐和教育；命龙担任"纳言"，负责发布命令，收集意见。还规定三年考察一次政绩，由考察三次的结果决定提升或罢免。通过这样的整顿，“庶绩咸熙”，各项工作都出现了新面貌，呈现出前所未有的清平局面。这些举措为夏朝立国奠定了坚实的基础。[1]

学习这一章，应特别注意“恭己正南面而已矣”这一句。孔子所谓的“无为而治”，并非老子的“我无为，而民自化；我好静，而民自正；我无事，而民自富；我无欲，而民自朴”，“为无为，则无不治”。而是要求君主修德于己，施治于民。同时，选贤任能，各司其职。确如荀子所言：“论德使能而官施之，圣主之道也。传曰：士大夫分职而听（听：治理，处理），建国诸侯分土而守，三公总方而议，则天子恭己而已。”[2] “治天下者，既治之，必有人为之。然必人主自为之，则贤者无以施其材，不肖者亦易诿其责。无为者，谓不亲劳于事也，此乾道所以异坤道也。恭己正南面者，朝群贤而莅之，已只仰成也。”[3] 此即孔子所说的“君君臣臣”，君要像个君，臣要像个臣。各司其职，各尽其责。

志士仁人　杀身成仁

志士仁人　仁爱而有节操，能为正义事业牺牲生命的人。

杀身成仁　杀，牺牲。成：成全，成就。为维护正义事业而牺牲自己的生命。

原文：

子曰：“志士仁人，无求生以害仁，有杀身以成仁。”

注释：

志士：有坚决意志和高尚情操的人。

仁人：有仁德的人。

仁：后两个“仁”，指真理或正义。

今译：

孔子说：“有坚决意志和品德高尚的人，不会为了活命而损害仁德，却可牺牲生命来成全仁德。”

---

[1] 请参阅《史记·五帝本纪》。

[2] 详见《荀子·王霸篇》。

[3] 详见清·黄式三《论语后案》。

疏解：

这一章讲的是人生的意义和目的。孔子认为，“仁德”是一个人生命的完美体现，人生的价值就在于躬身践仁。仁为人的立命之根，在生死面前，有坚决意志和品德高尚的人，不会为了活命而背弃仁德，却可牺牲生命来成就仁德。

正确的人生观、价值观是人生的真谛。一个人不论能力高低，贡献大小，只要有益于社会进步、人民幸福，即是实现了人生价值。

工欲善其事，必先利其器

工欲善其事，必先利其器 工，能工巧匠。善，好，这里是形容词使动用法，使……做好。利，锐利，锋利，这里是形容词使动用法，使……锋利。工匠要干好他的活儿，一定要先修整好他的工具。比喻做事要先准备好条件。

原文：

子贡问为仁。子曰：“工欲善其事，必先利其器。居是邦也，事其大夫之贤者，友其士之仁者。”

注释：

是邦：邦，国家。是邦，这个国家。

为仁：为，动词，培养。为仁，培养仁德。

贤者、仁者：贤者，有才德的人。仁者，品德高尚的人。朱熹《论语集注》：“贤以事言，仁以德言。”

士：《论语》中的“士”，有时指读书的人，有时指已做官而位置处于大夫之下的人。

今译：

子贡请教怎样去培养仁德。孔子说：“能工巧匠要做好他的工作，一定先要磨利他的工具。住在这个国家，就要侍奉那些大官中有才德的人，结交那些士人中有仁德的人。”

疏解：

这一章孔子讲的是培养仁德还应注重选择老师和朋友。“工欲善其事，必先利其器。”是孔子在回答子贡问为仁时先作的一比喻，以使答案更加明了。能工巧匠若要做好一个物件，工具不得力也不行。为做好一个物件，先要磨利其工具。要成就自己的仁德，就要“事其大夫之贤者，友其士之仁者”。这里孔子提供了一个借用外部环境的优势成就自我的理念。

在现实生活中，不仅仅是培养品德，就是增长知识才干，成就一番事业，也要选师择友。《礼记·学记》：“独学而无友，则孤陋而寡闻。”孔子也讲了选师择友的标准是“贤者”、“仁者”，古人云“近朱者赤，近墨者黑”说的就是这个意思吧！

人无远虑，必有近忧

人无远虑，必有近忧　一个人没有长远的考虑，一定会有眼前的忧患。表示看事做事应有远大的眼光、周密的考虑。

原文：

子曰：“人无远虑，必有近忧。”

今译：

孔子说：“一个人没有长远的考虑，一定会有眼前的忧患。”

疏解：

孔子在此讲的是思患豫防。危机意识是中华文化的重要内容之一。思其终必有患，防于其始而使其终无患。正如《易》言：“君子以思患而豫防之。”“安不忘危，存不忘亡，是以身安而国家可保也。”着眼于长远，才能防患于未然。《中庸》所谓：“凡事豫则立，不豫则废。言前定则不跲（跲，jiá，绊倒），事前定则不困，行前定则不疚，道前定则不穷。”说的是同一道理。防患于未然。凡事都应从大处着眼，小处着手，立足长远，着力当下。

“远虑”：一是从时间上看要看得长远，着眼于未来；二是从空间上要看得宽广，着眼于全局。一个人只有着眼于长远和全局，胸怀才能宽广，眼界才能高远，才能保持乐观的心态，不会为眼前的困难所困扰和吓倒。

言不及义

言不及义　只说些无聊的话，不涉及正经道理。形容说话内容无聊或说不到问题的关键所在。

原文：

子曰："群居终日，言不及义，好行小慧，难矣哉！"

注释：

群居：众人聚集在一起。

小慧：慧，智慧。小慧，小小才智。这里指小聪明。

难矣哉：矣，句末语气词，表陈述。哉，句末语气词，表示感叹语气。矣、哉连用，重在表示感叹。难，历来有多种解释，杨伯峻解为真难教导。郑玄解为终无所成功。皇侃解为难为成人。朱熹解为"言其无以入德，而将有患害也"。笔者以为难以成人比较符合孔子原意。孔门教人重在成人，联系上下文的"言不及义""好行小慧"看，是指品德修养而谈的。

今译：

孔子说："同大家整天聚集在一起，说的是毫不涉及道义的话，只喜欢卖弄小聪明，实在难以成人！"

疏解：

"义"是事之"宜"，即"应该"，就是人生"应该如何"。"小慧"是小聪明。这里孔子告诉我们交友之道：朋友相聚应以文会友，以友辅仁，规过长善。或道德修养上相互促进，或知识才能上相互学习，这样才能不断完善自我。而不是吹牛拍马，闲谈扯淡，虚度光阴，于人于己终无益处。学习这一章可结合《论语·阳货篇》中的"饱食终日，无所用心，难矣哉！"来理解。

以人废言

以人废言　废，舍弃。因为说话人的地位低下或犯有缺点错误，连他所说的正确的话也舍弃不听。

原文：

子曰："君子不以言举人，不以人废言。"

今译：

孔子说："君子不凭他话说得好听就提拔他，不因为他地位卑微或有缺点，连他所说的正确的话也舍弃不听。

疏解：

这一章讲的是在位者用人听言之道。会说话的人不一定品德就好，在位者不但要听其言，还要观其行。孔子就如何观察一个人的品行，谈了其方法："考查一个人所结交的朋友；观察他为达到一定目的所采取的方式方法；了解他的心情，安于什么，不安于什么。"[1] 只有言语正、品行端的人才堪举荐提拔任用。不因为一个人地位卑微或有这样那样的缺点错误而不听其正确的意见建议，因他们也有正确的意见建议。这告诉我们对人对事对言语应辩证地看，任何事物都不是绝对的，好中有坏，坏中有好。一般而言，不以言举人容易做到，不以人废言就难了。这虽说的是在位者用人听言之道，对我们普通人也是有借鉴意义的。

小不忍则乱大谋

小不忍则乱大谋 原义为小小的仁慈足以搅乱大计划，后来一般指小事不忍耐会破坏整个计划。

原文：

子曰："巧言乱德。小不忍则乱大谋。"

注释：

小不忍：对小事情不能忍受。

今译：

孔子说："花言巧语足以扰乱道德品质的修养。小事情不能忍受，足以扰乱大

[1] 《论语·为政篇》："子曰：'视其所以，观其所由，察其所安。人焉廋哉？人焉廋哉？'"

计划。”

疏解：

孔子主张君子说话要谨慎，诚实守信，反对花言巧语，认为“巧言令色，鲜矣仁！”[1] 以“巧言、令色、足恭”为耻。[2] 道德修养首以言行一致、平正切实为要，切忌言不由衷，以美媚之语取悦于人。这既是自身道德修养之法，也是听言察人之法。

朱熹《论语集注》：“小不忍，如妇人之仁、匹夫之勇皆是。”战国时期赵国赵王太后爱其少子长安君，不肯让他到齐国当人质，如果不是左师触龙的劝说，难解秦兵进攻之危，则乱大谋了，这是妇人之仁。[3] 刘邦因项羽在关中称王而想攻打项羽，如果不是萧何劝谏，即无刘氏几百年的大汉天下，则乱大谋了，这是匹夫之勇。[4] 这是孔子告诉我们处理问题的方法，即从长远大局处着眼谋划，为了达到终极目标，要舍得眼前的利益和诱惑。

当仁不让

当仁不让　当，面对，面临。仁，这里指正义的事，应该做的事。让，退让，谦让，辞让。指遇到应该做的事，就积极主动地去做，不谦让不推托。

原文：

子曰：“当仁，不让于师。”

今译：

孔子说：“面对仁德，即使是老师也不谦让。”

疏解：

“仁”是孔子学说中一个重要概念，从孔子与弟子们的问答中，我们知道，“仁”是指一个人的道德修养，包含了恭、敬、忠、信、宽、惠等人类的美好品德。

[1] 详见《论语·学而篇》。

[2] 《论语·公冶长篇》：“子曰：‘巧言、令色、足恭，左丘明耻之，丘亦耻之。匿怨而友其人，左丘明耻之，丘亦耻之。’”

[3] 请参阅《战国策·赵策四》。

[4] 请参阅东汉·班固《汉书·萧何曹参传》。

同时，孔子认为仁德的修养是一个永无止境的过程，需要从当下一步步践行。孔子曾告诉子贡“仁是自己要站得住，同时也使别人站得住；自己要事事行得通，同时也使别人事事行得通。能够就眼下的事实一步步去做，可以说是实践仁道的方法了”。[1] 仁德是人类美好品质的集中体现，仁德的养成需要终生践行，故修养仁德应义无反顾，毫不谦让。

亚里士多德“我爱我师，我更爱真理”可与孔子“当仁不让于师”相印证。“我爱我师，我更爱真理”表达了两层意思：相信自己的老师，在他看来，老师是自己生命中必不可少的启蒙人，因此，在他心里，老师的地位是很高的。可是，还有一样东西，比他的老师还重要，这就是真理。他相信老师，但他更相信真理，如果要他在两者之中选其一，他会毫不犹豫地选择真理。亚里士多德的这一名言，也成为进步人士尊重科学，追求真理的座右铭。正像亚里士多德的真理高于一切一样，孔子认为仁德高于一切，是人一生的追求，不能有丝毫的懈怠和谦让。

道不同，不相为谋

道不同，不相为谋 主张不同，也就不相互商议。现多指人生价值观不同、志趣不同的人就无法共事。

原文：

子曰：“道不同，不相为谋。”

注释：

道不同：道：主张，思想，学说。不同：不一致，如善恶邪正等。

谋：谋划，商量。

今译：

孔子说：“主张不同，不相互商议。”

疏解：

凡做成一件事，须先谋划，商议。若志同道合的人共谋，则精审不误；如果志不同道不合的人相谋，圆凿（凿，záo，榫眼）方枘（枘，ruì，榫子，榫头），难以

[1] 详见《论语·雍也篇》。

成事。黄式三《论语后案》中就“同道”与“不同道”作了阐述：“孟子言禹、稷、颜子同道，曾子、子思同道，故君子与君子有时意见不同，行迹不同，而卒能相谋者，其道同也。此言道不同，指异端小人之贼道者。”“道不同”指的是君子和小人之别，走着不同道路的人，就不能在一起谋划。

其实，凡事都不是绝对的，任何事物既有相互排斥、否定的一面，也有相互联结、相互依存、相互渗透、相互转化的一面。我们在谋事中，多听听反面意见，对于修正完善我们的计划是有益的。同时，我们在为人做事中，应求同存异，团结一切可以团结的力量，才能减少阻力，实现既定目标。

十六 季氏篇

既来之，则安之　分崩离析　大动干戈　祸起萧墙

既来之，则安之　原意是既然已经把他们招抚来了，就要把他们安顿下来。现泛指既然来了，就安下心来。

分崩离析　崩，倒塌；析，分开。形容国家或集团分裂瓦解，不可收拾。

大动干戈　大规模地进行战争或聚群殴斗。

祸起萧墙　萧墙，古代宫室内当门的小墙，即照壁，比喻内部。意思是祸乱就发生在内部。

原文：

季氏将伐颛臾。冉有、季路见于孔子曰："季氏将有事于颛臾。"

孔子曰："求！无乃尔是过与？夫颛臾，昔者先王以为东蒙主，且在邦城之中矣，是社稷之臣也。何以伐为？"

冉有曰："夫子欲之，吾二臣者皆不欲也。"

孔子曰："求！周任有言曰：'陈力就列，不能者止。'危而不持，颠而不扶，则将焉用彼相矣？且尔言过矣，虎兕出于柙，龟玉毁于椟中，是谁之过与？"

冉有曰："今夫颛臾，固而近于费。今不取，后世必为子孙忧。"

孔子曰："求！君子疾夫舍曰欲之而必为之辞。丘也闻有国有家者，不患寡而患不均，不患贫而患不安。盖均无贫，和无寡，安无倾。夫如是，故远人不服，则修文德以来之。既来之，则安之。今由与求也，相夫子，远人不服，而不能来也；邦分崩离析，而不能守也；而谋动干戈于邦内。吾恐季孙之忧，不在颛臾，而在萧墙之内也。"

注释：

季氏：这里指季康子，名肥。于鲁哀公三年当权，二十七年卒。是鲁国最有权势的世袭正卿。

颛臾：颛，读 zhuān；臾，读 yú。颛臾是鲁国邦域之中的一个异姓附庸国。据说是太皞（皞读 hào）氏的后裔，姓风。今山东费县西北八十里有颛臾村。

冉有、季路见于孔子：冉有、季路是孔子学生，当时都任季氏家臣。见，拜见，谒见。

有事：指军事行动。古代把祭祀和战争称为“国之大事”。

无乃尔是过与：无乃古代汉语里的固定格式，表示一种推测语气，可译为“恐怕……吧”。尔，你，你们。是“过”的宾语，前置。是，指示代词，在这里复指宾语“尔”。过，责备。全句意思是，恐怕应该责备你们吧。

先王以为东蒙主：先王，先代的国君。以为，以之为的省略，把他封为。东蒙，山名。即蒙山。在今山东蒙阴县南。主，主管祭祀的人。全句译为先代的国君把他封为蒙山主管祭祀的人。

邦域之中：邦，诸侯的封国。这里指在鲁国国境之内。

是社稷之臣：是，指示代词，指代颛臾。社稷，指国家，这里指鲁国。在古代，“社”本指土神，“稷”本指谷神，“社稷”原义是土神和谷神的意思。古代的君王为祈求国土平安，五谷丰登，每年都要举行祭祀社稷大典，久而久之，“社稷”就成了国家的象征，渐渐被人们用来代称国家了。社稷之臣，国家安危所倚重的重臣。

何以伐为：何以，古代汉语中的固定格式，表示反问语气，可译为“为什么要……呢？”伐，征讨，进攻。《左传·庄二十九年》：“凡师，有钟鼓曰伐，无曰侵，轻曰袭”。为，句末语气词。表示反问。

夫子：指季康子。春秋时，对长者、老师及大夫都可尊称为夫子。

周任：古代的一位史官。

陈力就列：陈，陈列，这里有“施展”的意思。力，摆出来，这里有“量力”的意思。就，动词，走向，这里是“担任”的意思。列，位次，职务。陈力就列，能施展出才能，就去担任职务。

危而不持，颠而不扶：危，不稳，这里指站不稳。持，把着。颠，倒，跌。扶，搀扶。

相：读 xiàng。意为辅助，帮助。

且尔言过矣：过，错误，不正确。

虎兕出于柙，龟玉毁于椟中，谁之过与：兕，读 sì。独角犀牛。柙，读 xiá。关猛兽的木笼子。龟，指龟甲，用来占卜吉凶。玉，宝玉，用于祭祀。椟，读 dú。匣子。古代设有专门的官吏管理虎兕和龟玉。管理虎兕等野兽的官员称“囿人”，管龟板的官员称“龟人”，管玉的官员称“典瑞”、“玉人”。

今夫：句首语气词，表示要发议论。

固而近费：固，指城墙坚固。费，旧读 bì。僖公元年，鲁君赐给季友汶阳之田及费，费成为季氏世代的采邑（采邑，古代国君封赐给卿大夫作为世禄的田邑。也叫“采地”、“封地”、“食邑”）。其地在今山东费县。

君子疾夫舍曰欲之而必为之辞：疾，讨厌。夫，指示代词，那个。舍曰，回避说。欲之，想要那样。为之辞，给他找借口。第一个“之”，指代颛臾。第二了“之”，指代“舍曰欲之”。辞，这里是托辞、理由、借口的意思。

有国有家者：国，指诸侯国。家，指大夫家。

不患寡而患不均，不患贫而患不安：这两句“寡”“贫”互误。俞樾《古书疑义举例》卷六：“按：寡、贫二字，传写互易，此本作‘不患贫而患不均，不患寡而患不安’。‘贫’以财言，‘不均’亦以财言；不均则不如无财矣，故‘不患贫而患不均’也。‘寡’以人言，‘不安’亦以人言；不安则不如无人矣，故‘不患寡而患不安’也。”寡，少。

盖：连词，用于句首，表原因。表示出现某种情况就会产生另一种情况。

文德：指礼乐之类的德政教化。

既来之，则安之：来之，使之来。安之，使之安。之，代词，指远方的人。

分崩离析：崩，倒塌；析，分开。崩塌解体，四分五裂。形容国家或集团分裂瓦解。

干戈：干，盾牌。戈，古代用来刺杀的一种长柄兵器。干戈指军事。

萧墙之内：指鲁国宫廷内部。萧墙，国君宫门内当门的小墙，又叫屏。鲁哀公当时与专权的季孙氏之间存在很深的矛盾，所以孔子认为季孙氏的忧患不在颛臾，而在于鲁君。

今译：

季氏准备攻打颛臾。冉有、子路两人谒见孔子说：“季氏准备对颛臾用兵了。”

孔子说：“冉求！难道这不应该责备你吗？颛臾，上代的君主授权他主持东蒙山的祭祀，况且它的领地在国境之中，是鲁国的附庸藩属，为什么要攻打它呢？”

冉有说：“季孙他老人家要这么干，我们两个做臣下的都不赞同。”

孔子说：“冉求！周任说过一句话：‘掂量掂量自己的能力，觉得行就干；如果不行，就该辞职。’譬如盲人遇到危险，不去扶持；将要摔倒，不去搀扶，那又何必要助手呢？你的话真是说错了。老虎犀牛逃出了栅栏，龟壳美玉在柜子里毁坏了，这是谁的责任呢？”

冉有说：“现在这个颛臾，城墙牢固并且离季氏的采邑费也很近，现在不占据它，将来一定会给子孙留下祸根。”

孔子说：“冉求！君子就讨厌那种不说自己贪心而一定要找借口的人。我听说过：无论是诸侯或者是大夫，不担心财富不多，只担心财富不均；不担心人口少，只担心社会不安。因为财富平均，便无所谓贫穷；人民和谐相处，就不会觉得人少；社会安定，就不会倾危。做到这样，远方的人如果还不顺服，就致力于仁义礼乐的教化来让他们自动归服。他们来了，就得使他们安心。如今仲由与冉求两人辅佐季孙，远方的人不归服，却没有办法让他们自动来归服；国家分崩离析，却没有办法保全；反而想在国境内发动战争。我恐怕季孙的忧虑不在颛臾，却在鲁君呢。"

疏解：

春秋末年，诸侯公室衰微，卿大夫专权。鲁国自襄公之后，鲁桓公后代季孙氏、叔孙氏、孟孙氏（史称"三桓"）发展势力、扩充疆土，使鲁国出现"公室卑，三桓强"的局面。公元前562年，三桓作三军，"三分公室而各有其一"。公元前537年，三桓改三军为二军，分成四份，季孙氏独得两份，掌一军；叔孙氏、孟孙氏各得一份，合掌一军。季孙氏的权势远在鲁君之上。到了哀公之世，季康子为了进一步扩大势力，欲吞并颛臾，这实际上是夺取鲁国政权的一个重要步骤。

孔子弟子冉求和子路，当时在季康子处做家臣。他们将"季氏将有事于颛臾"的消息告诉孔子，是想了解孔子的意见并争得孔子的赞同。孔子站在国家政治层面责备冉求：颛臾是先王封国，非盗窃名器者比，不可伐；在邦域之中，非敌国外患，不必伐；是社稷之臣，非季氏管辖之内，不当伐。季氏伐颛臾，名不正，言不顺。

冉求因孔子的责备，明了老师的意见，而推卸责任。孔子以古代良史周任"陈力就列，不能者止"的名言，说明为臣之道：在其位谋其政，勇于担当。用"危而不持，颠而不扶"，"虎兕出于柙，龟玉毁于椟"来说明冉求逃避责任有违孔门一贯倡导的"主忠信"的道德情操。

面对孔子的批评，冉求不但自解其责，而且为季氏的行为辩解。孔子既喻之以义理，又晓之以祸福。告诫为政者要解决老百姓的温饱和安居等民生问题，通过"修文德"来赢得民众的归附与支持。一针见血地指出"吾恐季孙之忧，不在颛臾，而在萧墙之内"。

这一章，孔子既有对季氏的谴责，也有对弟子冉有、子路的批评教育，宣传了他行仁政、施教化的政治主张，表现了为实现其政治理想所做的执着追求。

血气方刚

血气方刚　形容年轻人精力正旺盛。

原文：

孔子曰："君子有三戒：少之时，血气未定，戒之在色；及其壮也，血气方刚，戒之在斗；及其老也，血气既衰，戒之在得。"

注释：

少之时，血气未定，戒之在色：皇侃《论语义疏》："尔时血气犹自薄少，不可过欲；过欲则为自损，故戒之也。"

少、壮、老：古时对少、壮、老年龄的划分与现在有所不同。依皇侃《论语义疏》的说法，三十岁以前为少，三十岁到五十岁为壮，五十岁以后为老。《孟子》中说七十者衣帛食肉，又说老者衣帛食肉，以七十岁始为老。

方：正。

刚：强劲，旺盛。

得：贪得。《淮南子·诠言训》："凡人之性，少则猖狂，壮则强暴，老则好利。"

今译：

孔子说："君子有三件事应该警惕戒备：年轻的时候，血气还未稳定，应该警惕戒备，莫贪恋女色；到了壮年，血气正当旺盛，应该警惕戒备，莫好胜喜斗；到了老年，血气已经衰弱，应该警惕戒备，莫贪求无厌。"

疏解：

这一章，孔子从人的生命进程来谈人的道德修养。人首先是生物的，生理年龄的变化能够引起心理反应。人的道德修养就是不断战胜生物本能，成为一个合格的社会公民。宋代张栻《论语解》："人有血气，则役于血气，血气有始终盛衰之不同，则其所役亦随而异。夫血气未定，则动而好色；血气方刚，则锐而好斗；血气既衰，则歉而志得。凡民皆然，为其所役者也。于此而知戒，则义理存；义理存，则不为其所役矣。"

这一章也告诉我们，道德修养是人一生永恒的主题。学习这一章，可结合孔子

“吾十有五而志于学，三十而立，四十而不惑，五十而知天命，六十而耳顺，七十而从心所欲不逾矩”来把握。“戒”并非“堵”，而是“志于学”，行走在探求知识、追求真理的路上，不为“乱花渐欲迷人眼”，“色不迷人人自迷”。

十七 阳货篇

莞尔而笑　割鸡焉用牛刀

莞尔而笑　莞尔，微笑，浅笑。形容微笑的样子。

割鸡焉用牛刀　杀只鸡何必用宰牛的刀。比喻办小事情用不着花大气力。

原文：

子之武城，闻弦歌之声。夫子莞尔而笑，曰："割鸡焉用牛刀？"

子游对曰："昔者偃也闻诸夫子曰：'君子学道则爱人，小人学道则易使也。'"

子曰："二三子！偃之言是也。前言戏之耳。"

注释：

子之武城：子，指孔子。之，到。武城：春秋时期鲁国城邑，治所在今山东平邑县魏庄乡武城村。

弦歌：弦指琴瑟，歌指咏诗。弦歌，以琴瑟伴奏歌唱。《毛诗·子衿传》："古人教以诗乐，诵之弦之，歌之，舞之。"

莞尔：微笑，浅笑。

偃：孔子弟子。姓言，名偃，字子游，吴人。被孔子列入"文学"特优生。

君子小人：这里的"君子"、"小人"是指社会阶层而言。刘宝楠《论语正义》："'君子'者，谓王、公、士、大夫之子孙也。'小人'者，谓凡庶民之子孙也。"

道：这里指礼乐。乐以和人，人和则易使。

今译：

孔子到了（子游做县长的）武城，听到弹琴瑟唱诗歌的声音。他老人家微微一笑，说："杀鸡何必要用宰牛的刀？（治理这个小地方，用得着教育吗？）"

子游回答说："以前我听您说过：'做官的学习了礼乐，就会爱护老百姓；老百姓学习了礼乐，就容易听从政令。'"

孔子便向学生说："弟子们，言偃的话是正确的。刚才说的不过是同他开玩笑罢了。"

疏解：

子游任武城邑宰所做的事，在《论语》中记述了两件。一是以人才为重。事见《论语·雍也篇》："子游为武城宰。子曰：'女得人焉耳乎?'曰：'有澹台灭明者，行不由径，非公事，未尝至于偃之室也。'"向孔子推荐了澹台灭明。一是以教化为先，事见本章。子游所事皆治国理政之本。

孔子到卫国，冉有替他驾车。孔子说："好稠密的人口!"冉有问："人口已经众多了，又该怎么办?"孔子说："使他们富裕起来。"冉有又问："已经富裕了，又该怎么办?"孔子说："教育他们。"[1] 子游行政，正是秉承孔子一以贯之的治国理念。春秋时，庠塾之教废，礼崩乐坏。子游出任武城邑宰后，兴办学校，推行礼乐教化，故孔子一行刚到武城，就听到弦歌之声不绝于耳。

《乐记》："乐者为同，礼者为异。同则相亲，异则相敬。合情饰貌者，礼乐之事也。""乐至则无怨，礼至则不争，揖让而治天下者，礼乐之谓也。"礼乐之治，是孔子的最高政治理想，然而其弟子三千，贤者七十，包括孔子在内，未见有通过从政来达到这一目标的。只是冉有以侍君子，公西华亦只是愿学。子游得不到诸侯国君的重用，只能在武城小试才识。孔子牛刀割鸡之喻，其辞看是戏称，其实是深深叹惜，既叹自己的政治理想难以实现，又叹弟子不为国君所用。

面墙而立

面墙而立 比喻不学之人，如面对墙壁而立，一无所见。

面墙而立一语最早见于《尚书·周官》，《周官》是周成王训诫百官之词。其中一节是说作为国家公职人员只有学习然后才能做好工作，如果不能学习古法，参考时务，就会事理不能通达，心智不能清明，如面墙而立。让他做事，就会举措乖违，动见烦扰。

---

[1] 《论语·子路篇》："子适卫，冉有仆。子曰：'庶矣哉!'冉有曰：'既庶矣，又何加焉?'曰：'富之。'曰：'既富矣，又何加焉?'曰：'教之。'"

原文：

子谓伯鱼曰："女为《周南》《召南》矣乎？人而不为《周南》《召南》，其犹正墙面而立也与！"

注释：

伯鱼：孔子的儿子孔鲤，字伯鱼。

《周南》《召南》：《诗经》中十五国风中开头的两篇。"周南"共有诗十一首，"召南"共有诗十四首。"南"原来是一种很古老的乐器名称，后来才演变成为一种地方曲调的专名。"南"这种曲调最初盛行于江汉流域，以后才逐步影响到附近北方的地区。"南"又是方位之称，在周代习惯将江汉流域的一些小国称之为"南国"。"二南"绝大部分是来自江汉之间的一些小国，有少量诗篇也远及原来周公旦和召公奭（shì）分治的地区——今河南洛阳一带。

今译：

孔子对孔鲤说："你学习《周南》和《召南》了吗？人如果不学习《周南》和《召南》，那就会像面对着墙壁站着（看不见一物，迈不开一步）。"

疏解：

孔子以"文、行、忠、信"教授弟子，其中诗教是其重要课程之一。"诗"从各个方面反映了周初至春秋中叶五百年间社会生活，是一部百科全书，所以《周礼·春官》中有"太师教六诗"、"以乐语教国子"的说法。孔子十分重视诗教，他曾对他的儿子伯鱼说："不学诗就不会说话。"[1] 对他的学生说："诗，可以培养志趣，提高博观天下的能力，懂得如何在与人相处，知道不得意时如何抒发怨愤。近处讲，运用其中道理侍奉父母；远处讲，运用其中道理服侍君上。还可以多多认识鸟兽草木的名称。"[2] "诗"是了解社会、认识自然的重要载体。赋诗言志也是春秋时期特殊的外交语言，《左传》记载了大量的案例。外交场合，大多以赋诗为媒介，在当时，不熟悉"诗"的人是办不好事的，甚至被人责骂还浑然不觉。

学诗可以兴观群怨，不必待言，"二南"仅二十五篇，所咏不外饮食男女、思念婚娶之事，远不如《雅》《颂》表现的宗庙朝廷、丰功伟绩等内容丰富，也不如

[1] 《论语·季氏篇》："陈亢问于伯鱼曰：'子亦有异闻乎？'对曰：'未也。尝独立，鲤趋而过庭。曰：'学诗乎？'对曰：'未也。''不学诗，无以言。'鲤退而学诗。他日，又独立，鲤趋而过庭。曰：'学礼乎？'对曰：'未也。''不学礼，无以立。'鲤退而学礼。闻斯二者。'……"

[2] 《论语·阳货篇》："子曰：'小子何莫学夫诗？诗，可以兴，可以观，可以群，可以怨。迩之事父，远之事君。多识于鸟兽草木之名。'"

《雅》《颂》能扩人才思，长人见识。本章孔子为什么独说“二南”，“人而不为《周南》《召南》，其犹正墙面而立也与”？

孔子之所以把《周南》《召南》提到了十分重要的地位，是因为《周南》《召南》主要是讴歌纯真的爱情和勤俭持家、孝敬父母的优良品德。说的是修身、齐家之事，于人伦日用最为切要，可以正性情，笃伦理。家是最小国，国是千万家。一个人不能行于家，怎么能行于乡间，不能行于乡间，又如何能行于天下！

学习这一章，给我们的启示是：一是注重个人品德的修养，注重家庭伦理道德的修养。于孝敬父母，忠于爱情，勤劳节俭上身体力行。二是把读书学习作为生活不可缺少的重要组成部分。书是人观察世界的窗口，走向世界的门户。确如英国文艺复兴时期散文家、哲学家培根所说“读史使人明智，读诗使人灵秀，数学使人周密，科学使人深刻，伦理学使人庄重，逻辑修辞使人善辩，凡有所学，皆成性格”。

色厉内荏

色厉内荏 色，脸色。厉，严厉。内，内心。荏，读 rěn 上声。怯弱，形容外表强硬而内心怯弱。

原文：

子曰：“色厉而内荏，譬诸小人，其犹穿窬之盗也与？”

注释：

诸：相当于“之于”。

小人：这里指德行而言。

窬：读 yú。门边像圭形的小洞。

今译：

孔子说：“脸色严厉而内心怯弱的人，若用坏人作比喻，就像个穿洞行窃的小偷吧！”

疏解：

内心怯弱，是私欲的心理反应，无私才能无畏。汉代刘邵《人物志》言：“处虚义则色厉，顾利欲则内荏，厉而不刚者，私欲夺之也。”色厉内荏的人，外以严正之形象示人，以掩饰内心的虚弱；内怀私欲以取事，正像小偷暗中行窃一样。

一个人只有内心光明磊落，充满浩然正气，才能“远远望着，庄严可畏，向他靠拢，温和可亲”。[1]

道听途说

道听途说　从路上听到的，马上就在路上传播给别人。指没有根据的传闻。

原文：

子曰：“道听而途说，德之弃也。”

注释：

道、途：都是指道路。

德之弃也：有两解，一是解德为道德、品德。“德之弃也”即“弃德也”，整句的意思是抛弃了道德。另一解德为有德之人。整句的意思是有德之人抛弃的。笔者从第二解。

今译：

孔子说：“在道路上听说，就在路途中四处传播，这是有德有识之人不为的。”

疏解：

这一章孔子告诉我们听人所传，传己所听，皆不可不慎。在道路上听说，不思考、详察是不是真实的，就在道路上传说与人。姑且不说是否谬妄，如此轻妄，也是有德有识之人不为的。

一次，孔子在陈国和蔡国之间的地方受困，饭菜全无，七天没吃上米饭。颜回讨米煮饭。孔子看见颜回用手抓锅里的饭吃。一会，颜回请孔子吃饭。孔子起身对颜回作一番尊师教诲。颜回回答道：“不是那样的，刚刚灰渣飘进了锅里弄脏了米饭，丢掉又不好，就把脏的抓来吃了。”孔子叹息道：“按说应该相信眼睛看见的，但是眼睛看到的也不一定是事实。”[2] 亲眼目睹的都不一定是事实，况且是听说的呢！

现代网络技术发展，新闻舆论传播快速，我们在阅读观看时应思考这是不是事实？这是不是真实的事实？这事实反映了事物的本质了吗？这事实代表了事物发展

---

[1] 《论语·子张篇》：“子夏曰：‘君子有三变：望之俨然，即之也温，听其言也厉。’”

[2] 请参阅《吕氏春秋·审分览·任数》。

的主流趋势吗？如此层层深入思考，就不会道听途说，闹出三人成虎的笑话了。

患得患失

患得患失 患，忧虑，担心。担心得不到，得到了又担心失去。斤斤计较个人的利害得失，把个人的得失看得很重。

原文：

子曰："鄙夫可与事君也与哉？其未得之也，患得之。既得之，患失之。苟患失之，无所不至矣。"

注释：

鄙夫：人品鄙陋、见识浅薄的人。

可与事君：与，介词，省略宾语"之"。即"可与之事君"，可同他一道侍奉君主。

患得之：应作"患不得之"。

得之：之，代指官位。得之，获得官位。

今译：

孔子说："对那种人品鄙陋、见识浅薄的人，可同他一道侍奉君主吗？当他没有得到官位的时候，生怕得不到。已经得到了，又害怕失去。因为害怕失去官位，什么事都干得出来。"

疏解：

这一章孔子寥寥数语，生动形象地刻画了那种人品鄙陋、见识浅薄的官吏形象。这种人心里只有富贵名利四字。当官职没得到时，则千方百计营求，惶惶然唯以不得为患。官职既得，则又恐失去，为保住官职而不择手段。他们为了富贵，不顾礼义廉耻，无视道德法律，或阿谀奉承，或财色贿赂，无所不用其极。纵观历史，历朝历代不乏其人。为人熟知的有唐朝李林甫，清朝的和珅。李林甫初为千牛直长，后官至宰相，为人奸诈阴险。其手段是厚结宦官、妃嫔，迎合玄宗，排除异己；表面上示人以友好，而暗中陷害，世称"口有蜜，腹有剑"；收罗党羽，结党营私；唯庸才是用，以固其权。他广收贿赂，生活奢侈。致朝风日益腐败，终于酿成历史上著名的"安史之乱"。和珅初在銮仪卫当差，因善于逢迎，为乾隆所宠。累迁户部侍郎、军机大臣、内务府大臣、议政大臣、理藩院尚书，代兵部尚书，封一等男爵。及登高位，排除异己，网罗亲信，不择手段，搜刮财富。李林甫与和珅两人虽处朝代不同，其共同点是患得患失，无所不至。

人生观、价值观决定了一个人的生活态度。古人言："志于道德者，功名不足以累其心；志于功名者，富贵不足于累其心；志于富贵而已者，则亦无所不至矣。"人应该有一种精神，为人类社会做一些有益的事。至于功名也好，富贵也罢，顺其自然，不为所累，方能堂堂正正立于人世间。

饱食终日，无所用心

饱食终日，无所用心　整天吃得饱饱的，什么事也不想。形容无所事事。

原文：

子曰："饱食终日，无所用心，难矣哉！不有博弈者乎？为之，犹贤乎已。"

注释：

饱：吃饱。

终日：整天。

博弈：博，古代的一种棋局。弈，围棋。

难：刘宝楠《论语正义》："难者，言难以成德也。"

犹贤乎已：贤，胜。乎，于。已，止，不动。

今译：

孔子说："整天吃饱饭，对什么事情也不用心思考，这样很难走上人生正途。不是有下棋的游戏吗？去玩玩也比这样闲着无聊好！"

疏解：

这一章，孔子告诫人们应该勤勉努力。凡人生各有当做之事，或学习，或工作，都应用脑用心，勤勉努力。若终日唯知吃喝，悠悠荡荡，一无所用其心，则百事俱废，一无所成。这里孔子并非让人们玩下棋的游戏，而是让人心有所托，做有益于身心健康的事。孔子说，爱一个人就让他劳苦。[1] 因为劳苦就会思考，思考生

[1]《论语·宪问篇》：子曰："爱之，能勿劳乎？忠焉，能勿诲乎？"

发善心。闲逸则放纵，放纵就会忘掉善良，忘掉善良就会心生恶念。[1] 见其良苦用心。

《孟子·告子篇》："心之官则思，思则得之，不思则不得也。"用心与否是学习、做事好坏成败的关键，那种"和尚念经，有口无心"的人，不论做什么都将一事无成。

[1] 《国语·鲁语下》："夫民劳则思，思则善心生；逸则淫，淫则忘善，忘善则恶心生。"

十八 微子篇

季孟之间

季孟之间 春秋时期，鲁国三家大贵族中势力最大的是季氏，势力最弱的是孟氏。原意是齐景公对孔子给予介于季氏和孟氏之间的地位。现指比上不足，比下有余。

原文：

齐景公待孔子曰：“若季氏，则吾不能；以季、孟之间待之。”曰：“吾老矣，不能用也。”孔子行。

注释：

齐景公：姓姜，名杵臼（chǔ jiù），春秋时齐国国君。

今译：

齐景公讲到对待孔子的打算时说：“用鲁君对待季氏的规格来对待孔子，那我做不到；我要用次于季氏而高于孟氏的规格来对待孔子。”不久，又说：“我老了，没有什么作为了。”孔子离开了齐国。

疏解：

齐景公打算招揽任用孔子一事，约在鲁昭公二十五年（前517），时年孔子三十五岁。当年，鲁国发生内乱，鲁昭公出奔齐国，孔子也避乱于齐，给齐国国卿高昭子做家臣。齐景公是齐国一国之君主，孔子是鲁国来齐国避乱的一个臣属的家臣，齐景公为什么如此看重孔子，欲以季孟之间待之？

这里首先要弄清楚什么是季孟之间。季孟指的是鲁国“三桓”卿大夫季孙氏、孟孙氏。“三桓”中季孙氏为司徒，叔孙氏为司马，孟孙氏为司空。司徒是上卿，为执政国卿，权势最大；司空为下卿，为辅政国卿，权势还在叔孙氏之下。季孟之间，说的是齐景公打算给予孔子的权力地位在季氏之下，孟氏之上。此时的孔子地位卑微，齐景公打算擢升他为齐国的辅政国卿，地位仅次于执政国卿，这是齐景公对孔子治国行政理念的认可。这样的“朝为田舍郎，暮登天子堂”，在先秦时期并不少见。

齐景公是齐国历史上一位有抱负、有作为的国君，图谋重现齐桓霸业，称霸中原，而孔子的政治主张和学识才干得到了齐景公的认可。早在鲁昭公二十年（前522），齐景公访问鲁国时，就问过孔子这么一个问题，即秦穆公当政时期，秦国国小地偏，却能够称霸诸侯的原因。孔子告诉齐景公，秦穆公志向远大，行为中正，选贤任能，称霸诸侯是必然的，并特别举了重用“五羖（gǔ）大夫”百里奚辅佐秦穆公称霸一事。百里奚原为虞国大夫，秦穆公五年（前655），晋献公借道伐虢，灭了虞国和虢国，俘虏了虞君和百里奚。晋献公的大女儿出嫁为秦穆公夫人时，百里奚被做陪嫁的臣妾家奴之一送到秦国。百里奚逃离秦国跑到楚国，秦穆公听说百里奚有才能，用五张黑色公羊皮赎回他，委任其为上大夫，世称“五羖大夫”[1]。孔子来到齐国，齐景公又与他进行了两次深谈，孔子给出的施政建议是“君君，臣臣，父父，子子”[2] 和“政在节财”[3]。孔子提出的这些政治主张代表了齐国公室的政治利益，因而得到了齐景公的认同，并打算重用孔子，“以季孟之间待之”。

齐景公的打算遭到了齐国贵族大夫的反对。其中比较有代表性的是齐国贤相晏婴的观点：“儒者圆滑善辩，不能用法来约束他们；高傲而且自以为是，很难把他们作为臣下来驾驭；推重丧事，竭尽哀伤之能事，不惜破产来追求厚葬，不能使这种做法成为风气；到处游说求取官禄，不能让他们治理国家。自从大圣大贤去世以后，周室已经衰微，礼乐制度残缺毁坏也有很长时间了。如今孔子过分讲究仪容服饰，制定繁琐的上朝下朝的礼仪，刻意追求举止行走合乎规矩，这些繁文缛节几代人都学不完，一辈子也弄不清楚。国君想用这些东西来改变齐国的风俗，这不是引导百姓的好办法。”[4] 齐国诸大夫与孔子治国理念的冲突，既有历史根源，又有对当时形势的不同判断。早在齐国和鲁国立国之初，两国的治国理念和施政措施就存在一定的差异，当年鲁公伯禽建国时整整用了三年时间“变其俗，革其礼”[5]，贯彻执行西周典章制度比较彻底。而齐太公姜尚建立齐国时前后仅用了五个月时间

[1] 参见《史记·孔子世家》。
[2] 详见《论语·颜渊篇》。
[3] 参见《史记·孔子世家》。
[4] 参见《史记·孔子世家》。
[5] 参见《史记·鲁周公世家》。

“因其俗，简其礼”[1]，贯彻执行西周典章制度比较简单。所以孔子给出齐景公的治国方略是首先改革齐国的政治和教育，使之达到鲁国的样子，然后进一步改革，达到理想的大道。[2] 晏婴则认为，孔子所倡导的儒学与齐国的政治现状完全不相适应，以儒学化齐俗，必将在齐国造成思想和礼俗的混乱，进而导致灭国之灾。由于齐国诸大夫的一致反对，齐景公最终只能“吾老矣，不能用也”。

往者不可谏，来者犹可追

往者不可谏，来者犹可追 过去的已经无法挽回，未来的还来得及把握。

原文：

楚狂接舆歌而过孔子曰：“凤兮凤兮！何德之衰？往者不可谏，来者犹可追。已而，已而！今之从政者殆而！”

孔子下，欲与之言。趋而辟之，不得与之言。

注释：

接舆：楚人，姓陆，名通，字接舆。楚昭王时，政令无常，于是披发佯狂不仕，当时的人称他楚狂。清代曹之升《四书摭余说》认为：“《论语》所记隐士皆以其事名之。门者谓之‘晨门’，杖者谓之‘丈人’，津者谓之‘沮’、‘溺’，接孔子之舆者谓之‘接舆’，非名亦非字也。”

何德之衰：为什么德行这样衰微呢？《论语义疏》孔安国言：“比孔子于凤凰，凤凰待圣君乃现。非孔子周行求合，故曰‘衰’。”

谏：匡正，挽回。

犹可追：赶得上，来得及。

已而：已，止。即教孔子避乱隐居之意。而，句尾助词。已而，可译为罢了。

殆：危险。一说殆，训为疑。戴望《论语注》：“据《庄子·人间世》解此文云：‘殆，疑也。昭王欲以书社地封孔子，令尹子西沮之，故言今之从政者见疑也。’”

---

[1] 参见《史记·齐太公世家》。

[2] 《论语·雍也篇》：“子曰：‘齐一变，至于鲁；鲁一变，至于道。’”

今译：

楚国一位狂放不羁的人接舆，唱着歌走过孔子的马车旁。唱的是："凤凰啊，凤凰啊！为什么德行如此衰微呢？过去的已经无法挽回，未来的还来得及把握。算了吧，算了吧！现在从事政治的人都很危险啊！"

孔子下车，想要同他交谈。他却赶快避开，孔子没有办法同他交谈。

疏解：

这一章记述的事件，当发生在孔子周游列国时离开陈国到楚国的途中，时间大约在鲁哀公六年（前489），当时孔子已63岁。楚昭王邀请他到楚国出仕为官，孔子离开淹留数年的陈国，率弟子们到楚国寻求发展。《论语》所记"叶公问政"、"长沮桀溺耦而耕"、"子路从而后"等当发生在孔子自陈至楚的途中。

据钱穆先生《孔子传》，疑接舆为故蔡国遗民，沦落故地，蔡国被楚国攻占后，遂为楚人。《韩诗外传》："楚狂接舆躬耕以食，楚王使使者赍（赍，读jī，送物给人）金百镒，愿请治河南，接舆不应，与妻偕隐，莫知所之。"国亡家破，接舆当有亡国之痛，对于楚人的统治，必有非吾族类之感。接舆歌而过孔子，是不喜孔子以中原诸夏的名人前来楚国。如果从仕于楚，将更是危险之路。

《庄子·人间世》对接舆歌记载较为详细："孔子适楚，楚狂接舆游其门曰：'凤兮凤兮，何如德之衰也！来世不可待，往世不可追也。天下有道，圣人成焉；天下无道，圣人生焉。方今之时，仅免刑焉。福轻乎羽，莫之知载；祸重乎地，莫之知避。已乎已乎，临人以德！殆乎殆乎，画地而趋！迷阳迷阳，无伤吾行！吾行却曲，无伤吾足！'"歌词主要有三层意思：一是批评孔子不识时务。在古代凤凰是吉祥之鸟，天下有道则现，无道则隐。接舆把孔子比喻为品德高尚的凤凰，却要周游列国，寻求恢复周初礼乐盛世，是自甘堕落。二是提醒孔子祸乱相寻，已往不可以礼义正之，待来世之治也不可追。天下有道，圣人成其功；天下无道，圣人全其身。三是告诫孔子应当放弃政治理想抱负，避世隐居。

积极入世也好，避世隐居也罢，孔子并未给予高下之分。他说："直哉史鱼！邦有道如矢，邦无道如矢。君子哉蘧伯玉！邦有道则仕，邦无道则可卷而怀之。"[1] 孔子弘扬的是"笃信好学，守死善道"[2]。积极入世，为实现其政治理想"发愤忘食，乐以忘忧，不知老之将至"[3]。

问津

问津 询问渡口。比喻探索途径或尝试。

原文：

长沮、桀溺耦而耕，孔子过之，使子路问津焉。

长沮曰："夫执舆者为谁？"子路曰："为孔丘。"曰："是鲁孔丘与？"曰："是也。"曰："是知津矣。"

问于桀溺。桀溺曰："子为谁？"曰："为仲由。"曰："是鲁孔丘之徒与？"曰："然。"曰："滔滔者天下皆是也，而谁以易之？且而与其从辟人之士也，岂若从辟世之士哉？"耰而不辍。

子路行以告。夫子怃然曰："鸟兽不可与同群，吾非斯人之徒与而谁与？天下有道，丘不与易也。"

注释：

长沮、桀溺：沮，读 jù，低湿地带。长沮、桀溺是形容两人的形象，不是真姓名。长，指身材高挑。桀，同傑，魁梧之意。

耦而耕：耦，读 ǒu，耦而耕，两个人在一起耕地。

夫执舆者为谁：夫，那个。执舆，是执辔（辔，读 pèi，拉马的缰绳）于车的意思。那个在车上拿着缰绳的人是谁？执辔本来是子路做的事，因子路下车问路，所以孔子代为驾御。

是："是鲁孔丘与？""是也。""是知津矣。"三个"是"字都是代词，当"这个人"讲。"是也。"这里是"是这个人"的意思。

而谁以易之：而，同"尔"，代词，你。谁以，与谁。易之，改变这种状况。

辟：同"避"。

---

[1] 详见《论语·卫灵公篇》。

[2] 《论语·泰伯篇》："子曰：'笃信好学，守死善道。危邦不入，乱邦不居。天下有道则见，无道则隐。邦有道，贫且贱焉，耻也；邦无道，富且贵焉，耻也。'"

[3] 详见《论语·述而篇》。

耰而不辍：耰，读 yōu，古代弄碎土块、平整土地的农具。这里作动词，指播种后翻土、盖土。辍，读 chuò，中止，停止。

怃然：怃，读 wǔ，怃然，怅惘失意的样子。

吾非斯人之徒与而谁与：斯，这。人之徒，人群。谁与，与谁，同谁在一起。我不同人群在一起同谁在一起呢？

今译：

长沮和桀溺在田土中耕作。孔子经过那儿，让子路去问渡口。

长沮问子路："那个驾车的人是谁？"子路说："是孔丘。"又问："是鲁国的那位孔丘吗？"子路回答说："是的。"那人便说："他知道渡口在哪儿了。"

子路向桀溺问渡口。那人问子路："您是谁？"子路说："我是仲由。"又问："是鲁国孔丘的门徒吗？"子路说："是的。"那人又说："天下到处都是洪水猛兽，你们同谁去改变它呢？况且，你与其跟随逃避坏人的人，为什么不跟随逃避整个社会的人呢？"说完，仍旧不停地劳作。

子路回来转告孔子。孔子失望地说："我们既然不可以同鸟兽合群共处，如果不同人类相处，又和谁相处呢？如果天下太平，我就不会同你们一起来从事改革了。"

疏解：

当年子路问津之地在今河南省叶县城关乡问村。津是渡河的地方，孔子要过的河名叫沙河。这一事件如同"叶公问政"、"楚狂接舆歌"、"子路从而后"一样，都发生在孔子周游列国时的楚国叶邑地界，即今河南叶县。长沮和桀溺是在渡口附近农田里劳作的两个农民，"长沮"取其身型颀长之义，"桀溺"取其体格健壮之义，这是当时记录之人根据其形象临时命名的，而他们的真实姓名已被忽略。根据他们的言行举止，有研究者推断，他们很可能和楚狂接舆、荷蓧丈人一样，也是流亡到楚地的故蔡遗民。这些人因战乱失去了贵族地位和安逸生活，因此他们心怀失国之痛，不愿与当政者合作，也瞧不起孔子这种四处周游、积极入世的人。

这一章写了子路问津时，长沮、桀溺的言行及子路告诉孔子后孔子的态度，反映了积极入世和消极避世的两种人生态度的冲突。长沮回答子路问话，表达了这么几层意思，一是孔子师徒的知名度是很高的，其政治理想为世人所知；二是渡河有津，救世有方。你们师徒游遍天下，无处不到，应该知道渡口的，怎么会问别人？暗喻孔子的政治理想没有落脚地。桀溺的回答就直接明了，认为："天下到处都是洪水猛兽，你们同谁去改变它呢？况且，你与其跟随逃避坏人的人，为什么不跟随逃避整个社会的人呢？”劝其归隐。孔子的怃然一叹，为我们树立起了一个伟大的形象。正是天下无道，孔子才不畏艰险，不坠其志，积极参与社会，为实现其政治理想而努力。孔子的伟大之处，不仅在于他拥有远大的政治理想，更在于他为实现其理想而终生奋斗的顽强意志和坚韧不拔的精神。这是长沮、桀溺等避世隐者无法理解的。

四体不勤，五谷不分

四体不勤，五谷不分 指不参加劳动，不能辨别五谷。形容脱离生产劳动，缺乏生产知识。

原文：

子路从而后，遇丈人，以杖荷蓧。子路问曰：“子见夫子乎?”丈人曰：“四体不勤，五谷不分，孰为夫子?”植其杖而芸。子路拱而立。止子路宿，杀鸡为黍而食之，见其二子焉。

明日，子路行，以告。子曰：“隐者也。”使子路反见之。至则行矣。子路曰：“不仕无义。长幼之节，不可废也；君臣之义，如之何其废之?欲洁其身而乱大伦。君子之仕也，行其义也。道之不行，已知之矣。”

注释：

子路从而后：子路，孔子学生。子路跟随孔子而落在后面。

丈人：老人。

荷蓧：荷，读 hè，扛。蓧，读 diào，古代除田中草所用的工具。

四体不勤：四体，四肢。勤，劳。

五谷不分：五谷，指稻、黍（读 shǔ，黄米）、稷（读 jì，小米）、麦、菽（读 shū，豆类的总称）。分，辨别。

植其杖而芸：植，竖立。芸，通“耘”，除草。

拱而立：拱，拱手。两手在胸前相合，用左手握住右手。是古人表示恭敬的姿势。

止子路宿：止，留。

杀鸡为黍而食之：为黍，做黄米饭。食之，给子路吃饭。食，读 sì，用作使动，即“使之食”。

见其二子：使他的两个儿子拜见（子路）。见，读 xiàn，用作使动，即“使二子见”。

以告：“以之告”的省略。把这件事告诉孔子。

使子路反见之：反，通“返”，返回。

至则行矣：到了丈人家的时候，丈人已经出门走了。

不仕无义：不做官是不合宜的。义，是一种抽象的伦理和道德观念，指合宜的为人准则。

欲洁其身而乱大伦：洁其身，使其身洁。乱，这里是破坏、废弃的意思。伦，人伦，古代社会所规定的人与人之间的正常关系——父子有亲，君臣有义，夫妻有别，长幼有序，朋友有信。大伦，指君臣之义。这句指责丈人洁身自好不出仕是违反君臣之义的。

道之不行：道，这里指儒家的政治理想、原则。

今译：

子路跟随着孔子，却远远落在后面，遇到一位老人，用木杖挑着除草的农具。子路向他问：“您看到我的老师了吗？”老人说：“（你这人）四肢不劳动，五谷分不清，谁是你的老师呢？”子路拱着手恭敬地站着。老人便留子路住下，杀鸡、做黄米饭给子路吃，让两个儿子出来相见。

第二天，子路赶上孔子，报告了这件事情。孔子说：“这是位隐士。”叫子路原路返回去见他。子路到了那里，老人已出门走了。子路（对其二子，留话给老人）说：“不做官是不对的。长幼间的礼节都不能废弃，君臣间的道义又怎么能废弃呢？原本想洁身自爱，结果却败坏了君臣之义。君子出来做官，只是为了做他应该做的事。至于政治理想无法实现，则是我们早已知道的啊。”

疏解：

这一章记述了老者的言行和子路对老者行为的批评。同《论语·微子篇》中的“楚狂接舆歌而过孔子”、“长沮、桀溺耦而耕”所发生的背景是一致的，都是孔子及其弟子离开陈国到楚国途中所遇之事。学习此章，可结合另两章来理解。

子路因掉队偶遇“荷蓧丈人”，因问“子见夫子乎？”引出了老人对子路的批评。责备子路当此乱世，不从事农业生产，缺乏生活知识而从师远游，何济于世？因“子路拱而立”，赢得了老者的礼遇：让子路在他家住宿，并给子路杀鸡做饭，让他的两个儿子与子路相见，这些做法显示出老者是一知书达礼之士。

子路给荷蓧丈人留的话，实是子路向老师报告了他偶遇之后发生的情况，孔子讲述的意思。这一点我们可从文章的叙述中理解：如果是子路的意见，依子路的性格当时就会与老人交流，不会等到第二天。其次，“子曰：‘隐者也。’使子路反见之。”让子路见老者干什么，就是去转述孔子的意见。孔子从荷蓧丈人对待子路的言行，认定他是一位隐者，有对话的可能，故“使子路反见之”。

子路述孔子之意，紧紧抓住“人伦”二字，认为老者的行为是“不义”的。天地之间，人伦为大。父子有亲、夫妇有别、长幼有序、君臣有义、朋友有信此五种人伦关系顺应自然规律，亘古不变。使二子拜见子路，是知长幼之节，隐而不仕，是废君臣之义。隐遁为高，惟知自洁，是乱君臣之大伦。当时隐士相习成风，明哲保身，昧于行义。孔子重申自己的主张，君子之所以眷眷于仕，不是贪图利禄，只是一种社会责任，政治担当。

无可无不可

无可无不可 原指出仕或退隐，见机而行，没有一定的要求。现一般指怎么样都行，对事情没有一定的主见或成见。

原文：

逸民：伯夷、叔齐、虞仲、夷逸、朱张、柳下惠、少连。子曰：“不降其志，不辱其身，伯夷、叔齐与！”谓：“柳下惠、少连，降志辱身矣，言中伦，行中虑，其斯而已矣。”谓：“虞仲、夷逸，隐居放言，身中清，废中权。我则异于是，无可无不可。”

注释：

逸民：隐逸之民。

谓：说，用于评论人物。

言中伦，行中虑：伦，伦理。虑，思虑。语言合乎情理，行为经过思虑。

权：变通。宋代邢昺《论语注疏》：“权，反常合道也。”

今译：

古今隐逸不仕的贤人有伯夷、叔齐、虞仲、夷逸、朱张、柳下惠、少连。孔子说：“不降低自己的志向，不辱没自己的身份，是伯夷、叔齐吧。”又说：“柳下惠、少连降低了自己的志向，辱没了自己的身份，可是言语合乎情理，行为经过思虑，也就不过如此而已。”又评论说：“虞仲、夷逸避世隐居，放肆直言。行为清廉，弃官出于权变。我就与他们不同，没有什么可以，也没有什么不可以。”

疏解：

这一章孔子列举七位“逸民”，旨在表达自己的人生态度。即秉承自己的政治理想，进退具视于义。孟子所说的：“孔子可以仕则仕，可以止则止，可以久则久，可以速则速。”[1] 即是对孔子人生哲学的最好诠释。

“逸民”，有德而隐居的人。这里列举的七人，其生平事迹确凿可考的有伯夷、叔齐、柳下惠，夷逸、少连只有简单的记载，虞仲、朱张已不能确指。伯夷、叔齐在“不念旧恶”中已作介绍。

柳下惠在《论语》中出现两次，另一次是《论语·卫灵公篇》中，“子曰：‘臧文仲其窃位者与！知柳下惠贤而不与立也。’”可见孔子对柳下惠的评价是相当高的。柳下惠，姬姓，展氏，名获，字子禽。惠是他的私谥，因居家树柳，故时人称之为柳下惠。柳下惠是鲁孝公之子公子展的后裔，是春秋时期鲁国公族大夫。柳下惠以讲求礼节、德行高尚而闻名于世。“闻柳下惠之风者，鄙夫宽，薄夫敦。”所以孟子把他和伯夷、伊尹、孔子并列为“四圣”，称其为“圣之和者”。[2] 在《春秋左传》和《国语·鲁语》都有其事迹记载。

关于夷逸的记载，见之于《尸子》：“夷逸者，夷诡诸之裔。或劝其仕，曰‘吾譬则牛，宁服轭以耕于野，不忍被绣入庙而为牺。’”对少连的记载也仅见于《礼·杂记》：“孔子曰：‘少连、大连善居丧，三日不怠，三月不解，期悲哀，三年忧。东夷之子也。’”

上述七人，或立志高尚，持身峻洁，不降其志以屈人，不辱其身以徇世；或游于浊世而不标新立异，虽降屈其志，卑辱其身，而所言必合乎伦理，所行必当乎人心；或隐居自适，放浪语言，然其身合于清洁，弃官出于权变。而孔子为实现其政治理想，不设一可不可之心。在天下或有可不可之遇，孔子不过随时制宜，无有偏执。这没有坚定的信念和高超的处世能力是无法企及的。

---

[1] 详见《孟子·万章章句下》。

[2] 详见《孟子·万章章句下》。

十九

子张篇

见危致命

见危致命　又有“见危授命”一语。授命、致命，都是献出生命的意思。在危急的关头，不惜献出自己的生命。

原文：

子张曰：“士见危致命，见得思义，祭思敬，丧思哀，其可已矣。”

注释：

致：献出，尽。

得：得到，获得。这里指功名利禄。

丧：指丧事。

今译：

子张说：“读书人看见危险不惜牺牲生命，看到利益要想该不该得，祭祀时要想到虔诚，居丧时要想到哀伤，那也就可以了。”

疏解：

《论语》多次谈到的“士”，最早是指处于大夫之下、庶人之上的一个低层贵族等级。春秋后期，一般指知识分子。在《论语》中有时指知识分子，如：“子曰‘士而怀居，不足以为士矣。’”[1] 有时指官吏，如：“子贡问曰：‘何如斯可谓之士矣？’子曰：‘行己有耻，使于四方，不辱君命，可谓士矣。’”[2] 这里指知识分子，即一个读书人应具备的基本素质。

这一章子张说的话，也是孔子平时所谈。“见危授命”见于《论语·宪问篇》“子路问成人”。孔子首先告诉子路完美的人应具备的品格才能，即智、廉、勇、

---

[1] 详见《论语·宪问篇》。

[2] 详见《论语·子路篇》。

艺，加之以礼乐。然后说："今之成人者何必然？见利思义，见危授命，久要不忘平生之言，亦可以为成人矣。""见得思义"见于《论语·季氏篇》："孔子曰：'君子有九思：视思明，听思聪，色思温，貌思恭，言思忠，事思敬，疑思问，忿思难，见得思义。'""祭思敬，丧思哀"之义在《论语·八佾》中多处表达，如："祭如在，祭神如神在。子曰：'吾不与祭，如不祭。'""子曰：'居上不宽，为礼不敬，临丧不哀，吾何以观之哉？'"

子张这一章，与孔子思想一脉相承，讲了一个"义"、一个"诚"。"见危致命"、"见得思义"都是从义而行。"祭思敬，丧思哀"皆由心而起，讲的是一个"诚"字。在古代祭与奠是有区别的，祭是吉祭，其目的在于祈福。奠是凶祭，人初死后陈设饮食以安其灵魂。都要由心而发。林放问礼的本质，孔子告诉他："你的问题意义重大，就一般礼仪说，与其铺张浪费，宁可朴素俭约；就丧礼说，与其仪文周到，宁可过度悲哀。"[1] 孔子祭祀祖先的时候，就好像祖先真的在那里；祭神的时候，便好像神真的在那里。他若不能参加祭祀，是不会请别人代理的，这都体现了一个诚敬。

致远恐泥

致远恐泥 泥，读 nì，阻塞，阻滞，难行。到达远方，恐怕阻塞。比喻为了远大目标，要防止克服眼前的诱惑。

原文：

子夏曰："虽小道，必有可观者焉；致远恐泥，是以君子不为也。"

注释：

小道：历来有多种解释，我们姑且依杨伯峻先生的意见，小道即小技艺。

致：到。

恐：恐怕。

为：动词，可译为学习，也可译为从事。

今译：

[1] 详见《论语·八佾篇》。

子夏说："就是小技艺，也必定有它值得欣赏的地方。只怕它妨碍远大事业，所以君子不去从事它。"

疏解：

这一章，难点是对"小道"的理解。梳理历代对"小道"的解读，有助于我们理解把握文章的主旨。一是诸子说。《后汉书·蔡邕传注》引郑玄注："小道，如今诸子书也。"《汉书·宣元六王传》：东平王宇上疏求诸子及太史公书。皇上问大将军王凤，王凤回答："诸子书或反经术，非圣人；或明鬼神，信物怪。太史公书有战国纵横权谲之谋，不可予。不许之辞宜曰：'五经圣人所制，万事靡不毕载。夫小辩破义，小道不通，致远恐泥，皆不足以留意。'"二是小说者说。《艺文志》：小说家者流，盖出于稗官。街谈巷语、道听途说者所造也。孔子曰："虽小道，必有可观者焉；致远恐泥，是以君子弗为也。"三是书画辞赋说。《后汉书·蔡邕传》：上封事曰："夫书画辞赋，才之小者。匡国理政，未有其能。昔孝宣会诸儒于石渠，章帝集学士于白虎，通经释义，其事优大。文武之道，所宜从之。若乃小能小善，虽有可观，孔子以为致远则泥。君子故当志其大者。"清代李颙《四书反身录》："在当时不知果何指，在今日诗文字画皆是也。"四是农圃医卜之说。朱熹《论语集注》："小道，如农圃医卜之属。"五是异端说。何晏《论语集解》："小道，谓异端也。"

对"小道"的理解，我们可从孔子的几次谈话中探求。在《论语·为政篇》里，孔子说过"君子不器"。按钱穆先生的说法："器，各适其用而不能相通，今之所谓专家学者近之。不器非谓无用，乃谓不专限于一材一艺之长，犹今之谓通才。"孔子曾对子夏说："汝为君子儒，勿为小人儒。[1]"刘宝楠《论语正义》："君子儒，能识大而可大受；小人儒，则但务卑近而已。君子、小人，以广狭异，不以邪正分。"樊迟请求学种庄稼和蔬菜，被孔子认为是"小人"，即农民。孔子以为"上好礼，则民莫敢不敬；上好义，则民莫敢不服；上好信，则民莫敢不用情。夫如是，则四方之民襁负其子而至矣，焉用稼?"[2] 要求门人弟子为学由成己以及成人。当志于大人之事，而行义达道。据此，我们可说孔子所说的"志于道，据于德，依于

---

[1] 详见《论语·雍也篇》。

[2] 详见《论语·子路篇》。

仁，游于艺”[1] 是儒门说的大道，“小道”即窥于一隙，执于一偏。

这一章给我们的启示是：要有远大的理想和明确的目标，并为之奋斗终生。不忘初心，持之以恒，不为眼前的名利所诱惑。

文过饰非

文过饰非 文、饰，掩饰。以种种理由或借口来掩饰自己的过失、错误。

原文：

子夏曰：“小人之过也必文。”

今译：

子夏说：“小人对于错误一定加以文饰。”

疏解：

这一章的主旨是有错宜改不宜掩饰。这里的小人是从道德修养上讲的，他们明知有错，而循于私欲，唯恐别人知道，千方百计加以掩饰。孰知欲盖而弥彰，错误越来越多，在道德修养和知识获取上难以进步。人非圣贤，孰能无过？知过能改，善莫大焉。故孔子有“丘也幸，苟有过，人必知之”的感叹，认为别人知道自己的错误是自己的幸事。[2] 正视自己的缺点和错误，有错即改，是一个人进步的前提。

学而优则仕

学而优则仕 优，多，充裕。可译为有余力。仕，这里指做官。原义是学习了，有余力便去做官。后指学习成绩优秀的则提拔做官。

原文：

---

[1] 详见《论语·学而篇》。

[2] 《论语·述而篇》：“陈司败问昭公知礼乎，孔子曰：‘知礼。’孔子退，揖巫马期而进之，曰：‘吾闻君子不党，君子亦党乎？君取于吴，为同姓，谓之吴孟子。君而知礼，孰不知礼？’巫马期以告。子曰：‘丘也幸，苟有过，人必知之。’”

子夏曰："仕而优则学，学而优则仕。"

今译：

子夏说："做官了，有余力便去学习；学习了，有余力便去做官。

疏解：

对子夏这句话的理解，我们可从孔子说的来看。在《论语·先进篇》里记述了孔子这么一句话："先学习礼乐而后做官的是没有爵禄的普通百姓子弟，先有了官职而后学习礼乐的是卿大夫的子弟。"从孔子这句话中我们可以看出，当时出仕为官有两条途径：一是子承父业，卿大夫子弟可直接入职为官；二是通过学习走上仕途。孔子教学，其目的就是培养干部。子夏这里讲的就是这两类人做官与学习的关系问题。凡事都有主次之分，做官要称职，上不负君，下不负民，有余力则应学习，以增强能力。当学之时，需勤勉努力，学有所成则应出仕为官，为民造福。学习始终贯穿一生。

子夏这段话告诉我们，人生的每一个阶段都会有每一个阶段的主业，首先要做好主业，但学习应贯穿人的一生。其实，学习不仅仅指书本知识的获得，更重要的是在生活工作的实践中学习。"学习"应始终贯穿在人生之中。人生有涯，而知无涯，要树立终生学习的观念。我们在工作中，一是向先进学习，学习借鉴他们成功的经验做法；一是要把职业当成事业，把工作当做课题，深入学习研究，这样才能在更好地完成工作任务的同时成就自我。

二十 尧曰篇

望而生畏　惠而不费

望而生畏　畏，畏惧，害怕。远远地看到就害怕。

惠而不费　惠，给人好处。费，耗费。给人好处，自己却无所损失。

原文：

子张问于孔子曰：“何如斯可以从政矣？”

子曰：“尊五美，屏四恶，斯可以从政矣。”

子张曰：“何谓五美？”

子曰：“君子惠而不费，劳而不怨，欲而不贪，泰而不骄，威而不猛。”

子张曰：“何谓惠而不费？”

子曰：“因民之所利而利之，斯不亦惠而不费乎？择可劳而劳之，又谁怨？欲仁而得仁，又焉贪？君子无众寡，无小大，无敢慢，斯不亦泰而不骄乎？君子正其衣冠，尊其瞻视，俨然人望而畏之，斯不亦威而不猛乎？”

子张曰：“何谓四恶？”

子曰：“不教而杀谓之虐，不戒视成谓之暴；慢令致期谓之贼；犹之与人也，出纳之吝谓之有司。”

注释：

尊五美，屏四恶：尊，崇尚。或作“遵”，遵循。屏，读 bǐng。摒除。

欲而不贪：贪，《说文》：“物欲也。”《吕览·慎大》注：“求无厌，是为贪。”欲，与下文“欲仁而得人，又焉贪？”对照，“欲”指欲仁欲义而言。皇侃《论语义疏》：“欲仁义者为廉，欲财色者为贪。”

无敢慢：慢，怠慢，懈怠。无敢慢，不敢怠慢。

泰而不骄：泰，安定平和。泰而不骄，安定平和却不骄傲。

尊其瞻视：瞻，读 zhān，往上或往前看。瞻视，看。使其目光庄严。

犹之与人：犹之，好像，好比。与人，给别人东西。

不教而杀谓之虐：虐，读 nüè。《说文》：“虐，残也。”残害。不加教育便杀戮叫做残害。

不戒视成谓之暴：戒，警示，警告。视成，《康熙字典》：“视，犹纳也。《礼记・坊记》：‘故君子于有馈者，弗能见，则不视其馈。’不视，不纳。”视成，即纳成，要成绩。不加警示便要成绩是残暴。

慢令致期谓之贼：慢令，缓令。致期，限期。贼，残害。

出纳之吝谓之有司：出纳，偏义复合词组，其中只有出的意思。吝，读 lìn，吝惜，吝啬。有司，古代管事的小官吏。

今译：

子张向孔子请教说：“怎样就可以治理政事呢？”

孔子说：“崇尚五种美德，排除四种恶行，这就可以治理政事了。”

子张问：“什么是五种美德？”

孔子说：“君子给人以好处，自己却无所耗费；让百姓劳动，却不招来怨恨；自己欲仁欲义，却不能叫贪；安定和平却不骄傲；神情威严却不凶猛。”

子张问：“给人以好处，自己却无所耗费，这是什么意思呢？”

孔子说：“顺着民众能得利益之处使他们得利，这不也是给民众好处而自己却无所耗费吗？选择可以劳动的时间、情况和民众再去让他们劳动，又有谁来怨恨呢？自己想要仁德便得到了仁德，又贪求什么呢？不论人数多少，无论势力大小，君子都不敢怠慢他们，这不也是安定和平却不骄傲吗？君子服饰整齐，目不斜视，严肃得使人望而生畏，这不也是神情威严却不凶猛吗？”

子张问：“四种恶行又是什么呢？”

孔子说：“不加教育规范就要杀戮叫酷虐；不先提出警告就要成绩叫残暴；开始懈怠而突然限期叫害人；好比给人财物，出手却很吝惜，像是掌管财物的出纳人员了。”

疏解：

这一章讲的是为政之理。整部《论语》讲为政之道不谓不多，或门人弟子请教，或卿大夫问道，或诸侯君主咨询，孔子都是就问题而答，言简意赅。唯有子张问政这一次，孔子给予了详细解答。

“尊五美”中，“惠而不费”、“劳而不怨”讲的是富民身、顺民心的施政理念，体现了孔子的民本思想。利民在政，因民所利而利之，而于为政者无所损费。作事使民，必以其时，不妨夺农务，民不怨恨。《荀子·富国篇》：“使民夏不宛暍（宛，读yùn，通蕴，暑气。暍，读yē，中暑），冬不冻寒，急不伤力，缓不后时，事成功立，上下俱富。而百姓皆爱其上，人归之如流水，亲之欢如父母，为之出死断亡而愉者，无它故焉，忠信调和均辨（辨，读píng，通平，均等义）之至也。”“欲而不贪”、“泰而不骄”、“威而不猛”讲的是为政者的个人修养。欲有多种，或财色名利之欲，或仁义智信之欲，欲仁义者为廉，欲财色者为贪。为政者当彰显仁义，不贪财色。君子当谨慎虚心，以诚敬待人接物，不因贫富贵贱而异情骄慢。为上者口无戏谑之言，身无戏谑之行，谨言慎行，正己而物自正。清代杨名时认为，此章溯流穷源，见微知著，抉尽病根，只在贪骄猛三字，而王道圣学，直昭日月而行。[1]

“屏四恶”讲为政者在具体施政过程中应摒除的恶行。不教而杀，不戒视成，慢令致期，不但无躬行之先，而且无法制禁令之常，孔子将此三者喻为虐暴贼，体现了孔子的规矩意识。孔子重礼，礼和法本质上是规矩。出纳之吝是心陷于物，物大于我，以一国之君如同有司似屑屑计较于小惠之间。孔子告诫为上者应博施济众为己任，当施则施，不优柔寡断。韩信拜将后对刘邦说：“项王见人恭敬慈爱，言语呕呕，人有疾病，涕泣分食饮，至使人有功当封爵者，印刓敝（刓，wán，意思是削去棱角，引申为圆。敝bì，破旧。把应该封给受封之人的印信拿在手中，已经把棱角磨去了都不舍得给人），忍不能予，此所谓妇人之仁也。……然而所过无不残灭者，天下多怨，百姓不亲附，特劫于威强耳。名虽为霸，实失天下心。”[2]秦、项失政，皆以四恶。

---

[1] 详见清·杨名时《论语札记》。

[2] 请参阅《史记·淮阴侯列传》。

后　记

朱自清先生说过："经典训练的价值不在实用，而在文化。"《论语》是儒家经典，是中国文化的源头之一。我之所以选择《论语》中的成语、名言警句作为学习《论语》的切入口，是因为孔子是中华文明主要的薪火传承者、中华民族伟大的思想家、教育家，他的思想至今影响着中华民族的思维方式和生活方式。《论语》中许多成语、名言警句已为人们所熟知，因其具有丰富的内容和精炼的形式，我们平时不管日常生活中的交流，还是作文讲话，都会或多或少自觉不自觉地运用《论语》中的语言。孔子说："知之者不如好之者，好之者不如乐之者。"为使广大青少年不但知其然，更要知其所以然，我选择了《论语》中内容健康积极、语言常常被引用的章节进行注释、翻译、疏解，以期广大青少年在阅读中浸润中国传统文化之精华。

我们今天阅读学习《论语》，首先要解决文字障碍，准确解读文字的字义和词语的含义；其次要了解春秋时期乃至其前的政治文化制度、经济状况及生活方式；第三，要对孔子及其门人弟子，以及涉及的人物身世有比较深入的了解，这样才可能对《论语》有比较准确的理解。孟子说："诵其诗，读其书，不知其人，可乎？是以论其世也。是尚友也。"阅读学习《论语》，需要静下心来，与经典对话，与古人交流，方可能体悟孔子学说的中正平和、亲切可信、博大精深。

在注释时，尽可能从文字本义、语法结构、文化知识方面解读。今译尽可能直译。注释和今译用了前人先辈的成果，不能一一标出，特此说明并致谢。疏解是对

《论语》原文的阐述，或介绍时代背景，或以经典印证经典，或就原文给今天的启示，不一而足，没有定式。对原文的理解，尽可能回归到孔子时代，以经解经，而不以今释古。

学习《论语》主要参考书有：杨伯峻先生的《论语译注》，三国魏何晏注、宋代邢昺疏《论语注疏》，南北朝时期皇侃的《论语义疏》，宋代朱熹《四书章句集注》，清代刘宝楠先生的《论语正义》、程树德先生的《论语集释》、钱穆先生的《论语新解》卞朝宁先生的《〈论语〉人物评传》《〈论语〉事件评传》等。

在本书的写作过程中，有幸得到四川大学古籍整理研究所教授、博士生导师郭齐先生，四川省学术技术带头人、四川师范大学硕士生导师、四川师范大学电子出版社社长向万成教授，《当代文坛》副主编、著名文学评论家夏述贵先生，《教育导报》资深编辑、记者许多先生的指导。夏述资先生审阅了书稿，许多先生更是多次审读文稿，他们都提出了十分宝贵的意见建议，笔者大多采纳。郭齐教授、许多先生不吝为本书写了序，中国书法家协会会员、中国教育学会书法专业委员会学术委员、四川省教育学会书法专委会副主任吴学强先生为本书题写了书名，巴蜀书社童际鹏先生为本书的出版付出了艰辛的劳动，在此一并向他们表示真诚的感谢！

《成语溯源读论语》也是我为孙女侯沐妡准备的一份人生礼物。希望小孙女通过学习《论语》，背诵精选的名句和片段，学习语文知识，增强语感，增加文化积累，解读孔子的智慧，在中国优秀传统文化中，沐仁浴德，做一个有理想、有道德、高尚的、脱离了低级趣味、有益于社会的人。

无黄金半两遗子孙，有家书一册传后人。

侯育川

戊戌年仲春于蓉城豆家庄书斋